堀江本。

2004.1.1—2005.2.28

堀江貴文

まえがき

ご存じの方もいらっしゃると思うが、私はライブドアで自身のブログ「社長日記」というものを書いており、これがおかげさまで非常に人気がある。

「この『社長日記』を元に、２００４年の１月からの１年ちょっとを振り返る」というのが、本書の企画だった。


「エッジ株式会社から株式会社ライブドアへ」

「六本木ヒルズへのオフィス移転」

「プロ野球界への参入挑戦」

「地方競馬への進出」——など。


そのとき何をしたのか、何を考えていたのか、どこへ行き、何を食べたのか、ということまで書き残しておいたので、この原稿をまとめながら、「ああ、そういうこともあったな」と鮮明に思い出した。

なお、編集部の強い要望で、２００５年以降の締め切りギリギリまでの動きを盛り込んだ。若干ライブ感があるため、最終章だけは他の章とはちょっと雰囲気が違うかもしれない。

テレビやラジオ、新聞や雑誌などのマスコミにもたくさん取り上げられることが多くなり、「ずいぶん派手にやってるな」、と思われるかもしれないが、本書のなかでも何度も書いたとおり、いつだって私は、「やるべきことを、やるべきときにする」。これだけのことだ。

今日現在のことがひっくりかえることだってある。それでも私は、「やるべきことをやる」。その記録が本書だ。私の、そして私に興味を持ってくれている人たちに対する「経過報告」になるかもしれない。楽しく読んでくれたら幸甚である。

堀江本。　2004. 1. 1–2005. 2. 28 —— contents

第3章　プロ野球参入始末

第4章　旅行での発見

第5章　食の愉しみ

ＤＴＰ／ワークスティーツー

第1章　ライブドア2004

まさに、変化を遂げる時代

2004年が明けた——。

1月8日、成田空港を飛び立ち、機上の人となる。

新年早々から、ラスベガスへの出張。今回はインターナショナルCES見学、欧米の提携企業とのミーティングが目的だ。CESというのは、全米家電協会（CEA：The Consumer Electronics Association）が主催する世界最大の家電見本市のこと。

海外出張の機中の時間は、読もうと思いつつ手がつけられなかった本を読破するには絶好の機会。目的地がアメリカだからってワケじゃないけど、今回は『ヴァージン——僕は世界を変えていく』（TBSブリタニカ刊）に挑戦。ヴァージン創業者であるリチャード・ブランソンのチャレンジ・ストーリーだ。かなり分厚い1冊だが、これが期待以上に面白くて、どんどん読み進めていく。

一部を除いたほとんどの部分に共感した。彼は僕と同じ、型破り（？）の起業家。彼のスケールを簡単に超えられるように、頑張らないと——僕のやる気はさらに高まった。

リチャード・ブランソンは高校中退というから、僕の数年先を行っている（僕は大学中退……といっても6年も通ってしまった）。起業して会社を成功させるためには体力とスピードが勝負、というのが僕の持論。若いほどいいってこと。一流大学卒業・一流企業就職なんていう、アホなピラミッド構造に乗ってしまい、大学に進学して社会に遅れをとった分、早く取り戻さないと。

そんなわけで、ラスベガス初日。今日は昼過ぎの起床でスタート。

日中に雑務をこなして、夜はデジタルメディアの新興企業、D・ivX ネットワークスの方々と会食する。

D・ivXは圧縮率とクオリティに優れた動画フォーマットであり、ウチでもDVDパンサーなどの製品に搭載している。今後、D・ivXを搭載した家電製品が多く出荷されるようで、すでに数十社の会社と契約しているということだった。

今後も引き続き、お互い前向きなアライアンスを進めていく、ということで合意。まずは順調に初日を終えた。

翌日は朝から、D・ivX ネットワークスの内覧会を見学した。高画質（HD）対応のDivXのクオリティは相当高い。これはなかなか期待できる。よい案件も紹介していただいたし。

午後はCESを見学した。まあ、ぼちぼちってところか。夕方には、ネロなどの製品を作っているドイツのアヘッド社とミーティング。これまた新製品など、かなり前向きな議論ができて満足。

この日の夜はLindows.comとの会食。COOのケビンはめちゃくちゃ良くしゃべる人だった。夏ごろリリース予定のリンドウズ5・0(1)はかなり期待できそう。ラスベガスではそれなりの手ごたえを感じ、無事日本へ帰国。

1月14日朝からアジアングルーヴの孫社長を訪問。このネタは、んー、まあまあですかな。

夜はウェブキャッシングの件で、ニッシンの嵜岡社長との会食。いやぁ、嵜岡社長もすごいバイタリティ。消費者金融業界で唯一気を吐いているだけのことはあるなあ。

翌日は、ブロードバンドタワーの大和田社長が訪問。ネットシネマ事業の今後の協業についてのかなり前向きなミーティング。ソフトの可能性に、期待大ってところ。

ちょっと仕事から話がずれるけど、最近、できるだけ時間があれば、「トータルワークアウト」(2)に通っている。

(とはいえ、ベンチプレスは相変わらず、重さが増えてこないんだけどね……)

43キロ×13＋47キロ×10とかそんな感じ。とりあえず、自分の体重くらいをあげられるようになるのが目標。……遠い！

トータルワークアウトといえば、17日昼過ぎから、東京ＩＰＯ(3)の個人投資家向けＩＲ説明会のため、サンケイホールに足を運んだ。会場はすごい人！　満員御礼だったみたい。いろいろ話したいことがあったのだが、45分と時間が少なくて、ちょっと残念。代わりに、というか会場に来ていた山崎養世さん、カリスマ・ファンドマネージャーの藤野さんと、なかなか面白い話ができたが、そこでおふたり（特に藤野さん）にトータルワークアウトを強烈に薦める。いいんだって、本当に。絶対！アスリートたちがやってるだけのことはあるって。肉体改造って燃えるよ〜。

この日、オーエス出版社から『ウケる技術』を出版した著者・水野敬也君のセッティングで、小林君、山本君たちと夕方から鍋パーティー@恵比寿。いろんな業種の人がいて面白かったな。異業種間の話題って、新鮮さも感じるし。

そういえばこの鍋パーティー、水野君の自宅でやったのだが、水野君の本棚には僕の著書、『100億稼ぐ仕事術』（ソフトバンクパブリッシング刊）が数十冊置いてあった。感激！　さすが『ウケる技術』。

19日。今日は朝からビシッと営業戦略会議。大体1Q（10～12月の3ヵ月間）の数字が締まりつつある。2Qも頑張ろう！　午後の定時取締役会は議題が多く、長引く。そして、日経新聞の取材を受けた。掲載は来週らしい。テーマは社名変更とかについて。「エッジ株式会社」から「ライブドア株式会社」に変わるのももうすぐ……あと10日とちょっとか。

帰宅すると、銀座に召集通知がかかった。が、明日早いのでキャンセル。おやすみなさい……のつもりが、自宅でダーツ大会が始まってしまい、結局、寝不足となる。朝早いんだからさぁ。

22日の「INTERNET Watch」に、NTT comとぷらら、VoIP基盤網を相互接続、とあった。

「050番号初の通話料有料NTTコミュニケーションズ（NTT com）は、同社が運営するIP電話(4)サービスと、ぷららネットワークスのVoIP基盤ネットワークを利用したIP電話サービスとの相互接続を1月28日午前9時より実施する。通話料金は全国一律で、3分8円」

って、ＩＰ電話って無料で相互通話できるのがメリットじゃなかったのでは？　相変わらず、ＮＴＴグループのやりかたを強く押し通すんですね。

ちなみに、ウチの「SIP–PHONE」はプロバイダーフリーで、世界中で相互無料通話できます。そもそも、みなさん知ってますか？　ＩＰ電話なんてそんなコストかかんないんですよ、ＰＣのメールとかと同じで。

さて、この「SIP–PHONE」。いろいろ意見あるようですが、表現を変えただけで、「SIP–PHONE」同士は無料ですし、公衆網接続サービスにつなぐときは、今までどおり有料サービスです。

実際は何も変わっていないのですが、規約等を変更したのは、０５０での通話を可能にするための表面的な変更にすぎません。

０５０での通話にはいろいろ条件がありまして、それを満たすには言い回しとかもいろいろ考えねばならないんです。まあ、お役所的な対策ですね。

なんか、ニュースっぽく書かれていますが、実質何も変わっていないことを、さも大きく変わったようにマスコミが書いてしまうと、事実がねじ曲がって伝わっちゃうんですよね。

そのうち、いわゆる既存公衆網は消えてなくなりますから、固定料金はいらなくな

ります よ。まあ、電話屋の発想でやってる限り、ＩＰの世界ではけっこう難しいと思うんだけど。

みなさんはどう思いますか？

27日のお昼、赤坂でランチミーティング。『渋沢栄一とヘッジファンドにリスクマネージメントを学ぶ』（日経ＢＰ社刊）の著者の渋澤健さんと、ユニクロのカシミヤの発案者であるモンゴル人のバットサイハン・バータルさんらと。

なかなか面白い話ができた。

モンゴルは今、ちょうど日本の明治維新の時のような状態なのだそうだ。これから大きく飛躍する可能性を秘めているだろう。彼もモンゴルに戻って起業するらしい。我が社ともいろいろ協業できそうだ。

当時の日本と違って、今はあっという間に変化を遂げる時代。中国がいい例でしょう。

『100億稼ぐ仕事術』に反響続々、ゾクゾク。

補足のつもりで、『100億稼ぐ仕事術』のアマゾンでのレビューにコメントを書いてみた。17通もレビュー書いていただいてうれしい限り。次の書籍に活かさせていただきます。

「一日5000通のメールを一日でチェックできる人間なんてこの世にいない」

でもここにいるんだから。しかたがないよね（笑い）。

毎日メールを10年間も見てると、速読術と同じで、早く読めるようになる。どうでもいいメールとかは、1通0・5秒もあれば読めるし。1日だいたい3〜4時間はメール対応してる。

「確かにあまり特別な仕事術はなかった」

そう、そのとおり。当たり前のことを当たり前にやるだけ。でもそれでうまくいくと楽しいよ。自信もつくしね。

「これは本ではない。雑誌である。雑誌に書く原稿を単に書籍として売っているだけである」

そう、これもそのとおり。雑誌のコラムって読みやすい。普通の書籍ってダラダラと余計な表現が多すぎて眠くなっちゃうんだよね。

「東大卒が鼻につくが」

東大中退っす（笑い）。

「成功した経営者が自慢話」

んー、成功したとは思わないけど、そこそこうまくやる私なりの方法を伝授すると、自慢話になるのかな。

「私が本当に知りたいところまで筆が及んでいない気がしました」

説明のしかたが悪かったのかな。必要なことは盛り込んだつもりだけど、表現の問題だろう。

「筆者の経営するエッジ株式会社の社員の（ここの社員から聞いたが、）平均就業年数は1年を切るそうである。会社に対する忠誠心（ロイヤリティ）というものも社員は持っていない。完全能力主義社会、といっても労働者であり搾取される身ではある」

そりゃあ、1年の間に100人以上入ってくれば、統計的には平均就業年数も短くなるよね。労働者＝搾取される側って考えが古い。100年以上前のイデオロギーだよね。今の時代だれでも投資家（資本家）になれるし、企業も従業員や、消費者（お客様）や株主から評価される立場。さまざまなステークホルダーに魅力ない会社が存続できるわけないでしょ。株主重視というのは、シンプルに考えるようにした末の結論なんだけど、なんか誤解を生みがち。論理が飛躍しているように見えるのかな。

「社会全体、顧客という観点から見て、この会社（経営手法、仕事術）というものが有意義であると感じることはできなかった」

たくさん儲けて国に税金納めるのは社会貢献じゃないんだろうか。素朴な疑問。

顧客にとって有意義でない会社が儲かるんだろうか。株主に継続的に利益還元できるのだろうか？

「たとえばメーリングリストを利用してグループ間でコミュニケーションをとる、ノートＰＣ１台で情報を一元処理する……など、ビジネス雑誌の「ゆるい」記事のような内容だけだった。私には「ほぉ」と感心するようなことが全くなく、「１００億稼ぐ」は明らかに名前負け」

世の中の多くの人はこういうこと、ぜんぜんやってないんだよね。

「仕事術というタイトルなのに「髪は乾かして寝なければ風邪をひく」という記述に新鮮な驚きでした」

逆に驚きますよ。私、会社作ってから風邪で休んだのはたったの1回だけ。そのほかの病気にはかかってないから、ほぼ無休（休日などは除く）。仕事はカラダが資本。こういう毎日の細かな健康管理が大事だったりするんですね。睡眠8時間ってのも書いてあるけど、それも大事。

「好きなことをやるお金を作るには、事業がいいというのは納得」

トロイの遺跡を発見した、シュリーマンの話が出てきますが、私も数学の成績が悪く理科系の学部に入れなかったのは結果としてラッキーだったかも。もし理科系に入っていたら研究者になっていたかもしれない。

「一つ勉強になったのが、会社員は商談をするだけで仕事をした気になっているという箇所である」

そう。仕事のできないヤツの典型例です。

「コスト削減のところや、人が去っていったところは、冷淡な感じがしたけど」

覆水盆に返らず、といいますが、諸行無常の世の中、ずっと同じ人と一緒に仕事ができるわけありません。誰しもいつかは別れが来る。残酷ですが、それが現実です。死別するわけではないので、割り切りは大事でしょう。いつかは分かり合える。

「一見普通に出来そうである。……が、その持続が非常に難しいのではないか」

では、持続を簡単にする方法を補足します。短期でがんばって成功体験をひとつでもいいから作ることです。短期というのは長くても数ヵ月。その間は、周りの人間関係すら崩壊させてもいいという覚悟で、取り組むこと。寝食を忘れて取り組むということわざがありますが、寝ることと、食事は大事なので忘れないでください。成功体験を一度でも積むと、快感が忘れられなくなるので、もう一度体験したくて、結果として持続するようです。

「最後の1ページ、「諸行無常」の部分、個人的に良かったです」

変わらないものを探しだすことが結局、私の人生の最終目標なのかもしれません。今のところありそうにないですが。

コメントからも少し引いておこう。

「しかし、話題性というのはあるとは思いますが、株式の100分割というのはちょっと問題があると思いました。たしかに、今は株価が暴騰していますが、子株流動後はおそらくその逆の現象が起こってくるはずです。

現に、コード番号4753 1のエッジの子株市場は3000円を切っていますし。そうなれば、いくら株式は長期投資といっても、分割後に買った投資家には大きな損失が出ることが予想されるのですが。

分割するなら、投資家に優しく、段階的に分割して100分割にしていけば良いと思いました。あと、市場の機能を崩壊させてしまうというデメリットもあると思いました。その辺は社長はどのようにお思いでしょうか？」

今の株式市場は歪で、制度上の問題点もたくさんあります。私たちのチャレンジで、その問題が多数表面化していますが、こうした問題は表面化しないと、役所的な組織は対応しないものです。はっきりいってお話にならないんですが、それが現実です。あえて我々が火中の栗を拾うしかないのです。株券の不発行化もこれでより早く進むでしょうし、株式売買手数料は実際にゼロにするところまで出てきました。

我々は我々を応援していただいている投資家のみなさんと一蓮托生です。一緒にリスクをとって不条理な制度に立ち向かっていかなければなりません。200年前、維新に燃えた志士たちは、旧勢力を武力と殺戮によって淘汰し、世の中を変えましたが、現代では同じようなことはできません。ですが、合法的に解決する方法はあると思います。

「松下幸之助の本と読み比べてみよう。この会社が社会的に有意義でない理由について。僕なりに。

1　社員が平均1年以内に辞めること。精神的に社員を追い詰めるのであれば、その社員、社員の家族に対する責任を持つべきでは？

2　利益の株主還元とか言ったって、株の一番の所有者が筆者自身ということは、利益は自分への還元に見えるのだが。

3　他の会社のパイを奪っている。安い賃金で雇えば競争力が出る。競合企業には社員や社会貢献を目指している健全で社会的に有意義な会社がある。そのような会社のパイを奪うことが社会的に有意義でないと思う。税金を払っているから貢献とか言っても、税金をいかに払わないか努力しているように見えるが。

日本では有能で、社会に貢献した経営者がいた。松下幸之助や本田総一郎は特に有名だが、多くの日本企業の経営者が金のために仕事をしたわけではないと思う。だが、この筆者、堀江氏はどうだろうか。この本のタイトルを見ればわかる」

1　平均1年以内に辞めるんではなく、勤続平均が1年なんです。毎年100人以上増えてるから、拡大時期って平均値は小さくなっちゃうんです。

ウチを辞める人って、私の考えに賛同できない（まあ、平たく言うと私のことがキライ）人か、給料（四半期ごとの査定がある）が大幅に下がる人とかが多いです。

私のようにはっきりモノを言う（悪く言うとあまり言葉を選ばない）人間は好き

嫌い激しいからなぁ。会社が社員を選ぶというより、今は社員に会社が選ばれる側ですから、選ばれるような会社にしていきたい。松下幸之助の時代とは社員の側（特に若い世代）の意識が違うので同じやりかたは通用しませんね。

2　もちろん自分自身のモチベーションを高めているのは自分が会社の大株主であるからです。でも、数億以上の資産価値は正直あんまり現実味ないので、一般の株主や社員株主より、ちょっと多く持っているというようなイメージですけどね。

3　さまざまなステークホルダーの利害をバランスよく配置するのは非常に難しい。だからシンプルに「儲けて、税金納めて、株主に貢献する会社」にしたほうがいいと思っています。

人間は、同時に複数の利害を一致させようとすると、混乱してしまい、どこかに偏ってしまいがちです。私も含めてそんなに頭良くないです。だからシンプルに考えましょうということなんです。利益を上げるためには、従業員のモチベーションも高くないといけないし、消費者が喜ぶ商品・サービスを提供しなければなりません。たとえ一時的に騙してたとしてもこのインターネット社会ではすぐにばれてしまいます。食品業界なんかはそういう不正が次々と暴かれていますよね。つまり健全で有意義な会社でないと、利益をきちんと上げて株主貢献できないってことです。鶏と卵の関係に近いんですが、どっちのことを考えて会社経営したほうがシンプルか、うまくいくかということなんです。キレイごと系の経営者本は、社会貢献とか、そういう言葉が頻出しますが、あえてその逆からアプローチしました。そっちのほうがうまくいくよ、カンタンだよと。結果が同じなら別にいいでしょう。

キレイごと系アプローチは時間と運が必要なんです。私のアプローチだと、努力だけでできますし、早くできる。そうすると多くの人が、より早くより良い世の中を作れるようになるんです。

「しかし、5000通／日はおおげさではないでしょうか？　まぁ、読むだけならできそうですが。何か考えてそれに返事を書こうとすると、少なくとも数分はかかりますよね」

たくさんメール書いてると、書くスピードも上がります。私は原稿もメールで書くんですが、かなり文章力も上がりました。『100億稼ぐ……』は実質1週間程度で書いています。

本を出すのも楽しい仕事だけど、執筆意欲が大事。書き出すと早いんだけどな。雑誌の連載のほうが楽かも。

新生ライブドア、誕生。

1ヵ月なんて、あっという間に過ぎ去り、早くも2月になった。

さて、2月1日。今日はサイバーエージェント藤田社長の結婚式。結婚おめでとう！

招待されているんだけど、余興で、なんとハンドベルを演奏した。

当日、披露宴の前にハンドベルを練習するため、朝から披露宴会場へ到着。待ち受けていたのはすごい報道陣の数！　スタッフの人に人込みをかき分けてもらって、やっと会場へたどり着いた。

話題沸騰のおふたりだけに、マスコミの騒ぎっぷりは圧巻。マスコミパワーを目の当たりにした。でも今回は報道シャットアウトらしいけど。ホントにおつかれさまです。

肝心の藤田社長の結婚式&披露宴は非常に感動した。とってもいい式だったと思う。僕だけじゃなくて、招待客みんな感動したんじゃないかな。

その後、2次会&3次会&4次会！　で、深夜まで呑む。

この2月1日は、ウチの社名変更の日でもあった。エッジ株式会社からライブドア株式会社へ。ご存じのとおり、社名変更はこれで2度目。1度目は創業時の「オン・ザ・エッヂ」から「エッジ」へ。これからは「ライブドア」に期待。

ところで、愛宕グリーンヒルズにある「醍醐」で、作詞家の秋元康氏らと会食した。ライブドアのこれからのコンテンツ展開とか、ネットシネマの話とかで盛り上がり、その後、銀座・六本木とハシゴしてしまう。

秋元氏というのは、すごいバイタリティのある人。でも、彼の感覚というのは常に時代の最先端とかかわっているのだなあ、と才能のある人のすごさを感じる。その勢いに励まされた。うーん、負けられない。

5日は午後から定時取締役会。某銀行出身の方々は辞任されたので、出席されず。当然か。まあ、ぼちぼちの1Q決算であったと思う。2Qはもっと頑張ろう。

その後、日経ビジネスの取材。株式100分割などについて話す。

11日は朝からわが家のお引越し。

0123のアート引越しセンターの「引越しお任せパック」に依頼。このところ、あまりにも忙しくてまったく準備しないままだった……。

自分でやるのはあきらめて、箱詰めまですべてやってもらう。すばらしい。なんとか夜までに完了した。

そういえば来月、渋谷の事務所がいよいよ六本木ヒルズに移転する。27日金曜日は午後5時で終業。我が家、事務所と引越し続き。

なにを隠そう、我が社の創業の地も六本木だったので、実質帰ってきたことになるんだなあ。なんだか感慨深いものがある。

そういえば、roppongi.comというドメインも持っているなあ。

六本木にライブドア旋風到来！

ついに3月1日がきた。六本木ヒルズ森タワーへ引越し！

今日から新オフィスで勤務開始。専用のＩＣカードがないと、中に入れないんだよね。二重三重のセキュリティは、これからの我が社にとっては非常に大事なことである。社長室は今回は作るのをやめた。社員が増加して、すぐに社長室は社員に占拠されちゃうからだ。まあ、現場に近いところで仕事をするのは、楽しいし早いし。

社内を当社の「livedoor Phone for Business」で、完全にIP電話環境にしたこともあり、電話に関しては移転の手間はさほどかからなかった。ダイヤルインはすべて050で始まる番号となった。

翌日、リンドウズ4・5を使ってみた。

いやぁ、フォントとか、かなりきれいになっていて使いやすい。すばらしい。早くユードラ出るといいいな。

ここでちょっと、企業理念の話など。

僕の思うライブドアの目指す道、というかネットの近未来の話。

以前からよく「何をやっているのか分からない会社」とか言われているけど、ずっと「インターネットの会社ですよ」と言い続けている。インターネットで何をするかが、まだ見えにくいのかもしれない。

インターネットで人々のコミュニケーションは変化する。ネットはメディアであり、インフラである。いろんな産業にネットという切り口で入り込んでいくと、世界中のすべての人にアクセスできる。できるだけ、その触れ合う時間を増やし、口座を獲得することで、そのサービス提供にかかわる、ちょっとした手数料の集積で収益を上げようとしているのが、当社の姿勢である。

しかも、ネットを使って提供するサービスのほとんどは、同じような技術が用いられており、見た目は違うような事業でも同じリソースを使いまわしできる。

ネットはメディアである。いつかネットは、他のメディアを追い越して一番のメディアになる日がくる。だから、ネットで一番のブランドは、世界で一番のブランドとなる時代がくる。つまり、ネット企業でナンバー1になるということは、世界でナンバー1の企業になるということである。

まあ、目標が大きいと、ゴールが見えにくいというのもあるかもしれない。それが「目指す先が分かりにくい」というところにつながっているのかもしれないが。でも、あっという間の話だ。

ＣＣＣ(5)の、レントラックジャパン(6)へのＴＯＢ(7)の件は、まあ、やっとやったか、という感じですかね。他にも増田さんの個人資産管理会社が実質オーナーの会社は、ＩＭＪ(8)などがありますね。

ＩＭＪはともかく、レントラックはＴＳＵＴＡＹＡのフランチャイズへビデオなどを卸している会社ですから、別々に増田さんの資産管理会社がオーナーで所有するってのは違和感ありありですね。中核会社であるCCCの株主利益を毀損してしまうことがありますからね。

ウチは、DVDレンタルの「ぽすれん」というサービスをやっていますが、今度TOBするバリュークリックジャパンも「DVDZOO」というサービスをやっていますので、あわせるとレントラックの「discas」を圧倒的に上回って、ナンバー1のサービスとなるでしょう。

レントラック社は、既存のTSUTAYAのフランチャイズ店にも卸していますから、ネットとの兼ね合いが難しいのではないでしょうかね。

しかし、どっちにしてもリアル店舗や膨大なVHSテープの在庫、CDの在庫を抱えて他店は苦しいかもしれませんね。CDは日本でも早晩有料ネット配信がメジャーになるでしょうし、VHSの時代はもう終わっていると思うしね。若い人ほど、そうでしょう。

11日、我が社は株式市場の後場終了後、予定通りターボリナックス株式会社(9)の株式交換での子会社化の発表。数ヵ月間の交渉には紆余曲折あったが、なんとかここまでこぎつけた。よかった。

ほっとした翌日、出社する途中にiモードで日経新聞のサイトを見て、びっくり！すでに提携の件がスッパ抜かれている。

しかし、かなり追い風が吹いていると手ごたえ。これから続々と各メーカーにも採用されていくのではないかと思う。実際、ネットだけやる分には使い勝手はウインドウズと変わらないし、安いんだったらリナックスを使うシチュエーションは増えていくのではないかと思う。

出社して、ターボリナックスの矢野社長と打ち合わせをしてから、買収の記者会見に臨む。

六本木ヒルズの新オフィスで記者会見をしたのだが、数十人参加していただき、広い会議室もいっぱいになった。今回の六本木ヒルズ移転では大きな会議室を用意したおかげで、これからホテルとかのレンタルルームを借りずにすむ。コスト削減につながるな。

このリンドウズ新製品は、リンドウズ4・5がベースになっており、フォント周りとかかなりきれいになっているし、起動時間も以前よりかなり早くなっている。

USBメモリに設定情報を書き込めるので、今までより便利な使い方ができると思う。対応ハードウェアも多くなっているしね。

22日のお昼、久々に近くのapstyleでいろいろ買って食す。こんなのやってたんだ～am／pm。

am／pmといえば、大手コンビニの中では、ウチの子会社のプリペイド型電子マネー「ビットキャッシュ」が唯一買えないところなんだよね。セブンもローソンもファミリーマートでも買えるのに、なんでam／pmは導入してくれないのだろう……「エディ」を扱ってるからかな？

でも「エディ」って、ストアドバリュー型（ICチップにお金の情報を入れる）の電子マネーなので、入れられるお金の額に限度があるんだけど、「ビットキャッシュ」はネットワーク型の電子マネーだから限度額は上げられるし（10万円のカードも出している）、ストアドバリュー型とネットワーク型の電子マネーは共存できると思うんだよね。

実際、「ビットキャッシュ」の売上げは急増中で、7割がコンビニ経由の売上げなんだけどなあ。何度か営業に行ったみたいだけど、なかなか……ね。突破口が開けない感じだ。

おっと、今日はGMOの熊谷さんのブログ発見。っていうか、いつの間にか、あの分厚い手帳の本も出てるし！

ブログ検索エンジンには社長カテゴリを作らねば！　対抗して激安レンタルサーバも作らねば。ドメインも安く出さねば。

ドメインといえば素朴な疑問。「お名前.com」は.comドメインを1年4200円で提供しているようだけど、その子会社が提供している「ムームードメイン」は.comドメインを1年770円で提供しているみたい。同じグループ会社でこの大きな価格差は何なのだろうか？　「お名前.com」のほうは、すごい付加価値でもあるのだろうか？　かなり疑問。

29日、夜は赤坂の「津やま」にて会食。どうもここは、政治家の会食とかが多い店らしく、それが口火になって、日本の優秀な人間は経営者を目指すべき（というか、目指しがち）とかそういう話になった。まあ、経営者は世界的なプレーヤーになれる可能性があるからね。

経営者っていうのは、じつにエキサイティングな仕事です。若い人は、やっぱり早くに起業すべきだと思う。これは持論、というより確信。

ここで、「SIP–PHONE」のこと。

なんかひっそりとオープンしたつもりの、「SIP–PHONE」のアダプタタイプなんだけど、目ざといメディアにさっそく掲載されてるし。しかも、「SIP–PHONE

MOBILE」のことまで。早いなあ、というか……。

そう、ウチの社内のＦＡＸはこのアダプタを使って、すでにＩＰ‐ＦＡＸ化(10)されてたりする（たまに機種によっては動作が不安定になるので、ＦＡＸ完全対応とはうたってないけど）。

総務省には番号管理課なる組織があるらしく、そこの人が当社のウェブとかを、くまなく毎日捜索しているらしい。それって、かなり暇だよなあ。某大臣も知らないくらいの、存在感のない組織らしいけど。

で、無線ＬＡＮ（Ｗｉ‐Ｆｉ）の端末にすると、０５０の番号は振ってはいけない、という話だった。その理由は、品質が保証できなくなるからだそうだ。う〜ん、意味不明。

じゃあ、既存の携帯電話はどうなんだ。ＦＯＭＡなんて全然つながらないジャン……電話中にリブートしちゃうし。ねえ？　それぞれの何がよくて、何がダメなのか、もうちょっと納得いく話、してもらいたいんだけど。

まあ、ともかくいろいろ矛盾だらけの世の中だけど、一つひとつ誠実に、ガチンコで対決していくことが重要だね。決してうやむやに終わらせてはいけない。それが大人の対応だって、みんなは自分で自分をごまかしているけど、本当はそうではないはず。おかしいところは、しっかりおかしいと言おう。こんな決意が必要なのも、これってさ、やっぱり日本っていう土壌だからなのかね。もっと世の中変えていきたいって思うのは、僕だけなのか。

ネットの世界から世の中を変える！

4月5日から公募増資の関係で、機関投資家向けロードショウの開始。朝9時からスタート。日本グローバル証券の巻島社長らとも、今後の展開についてミーティング。がんばりますよ！　さらに、証券会社の営業マネージャーらに向けて、当社の会社説明会。がんばってセールスしてもらうためにも、ついつい熱が入る。よろしく頼みます。

7日、朝7時に起きて、新幹線に乗り込み、朝食も新幹線の中で。品川に着き、すぐに機関投資家向けロードショウ。今日もみっちり夕方まで。

夕方からは営業戦略会議。今日はみんな月初で忙しいのか、参加者が少ない。第3

四半期もがんばるぞ～。とはいえ、いろいろ報告事項などもあり、会議は長引く。続いて、フェルディナンド山口氏来社。

氏の著書『恋愛投資概論』（ソフトバンクパブリッシング刊）を持ってきていただく。アマゾンによると「マーケット・アナリストとして活躍する著者が、これまでベッドをともにしたさまざまな優良企業のインテリジェンスの高い女性たちを分析し、彼女たちから聞いた社内の極秘情報を公開しながら、彼女たちを口説くためのテクニックを伝授」……って、すごいコピーだな。中身もなかなか面白いのでオススメ。

22日、渋澤健さんの『シブサワ・レター 日本再生への提言』（実業之日本社刊）を読む。タイトルの通り、政官財のトップ・リーダーに、彼が送り続けた手紙を公開したもの。彼の視点は非常に鋭い。いろいろ参考にさせてもらう。

新生ネットエイジのパーティーに呼ばれていたので、行く。業界の人たちが全員集合といった感じで、飯食べる暇もなく、ずっと話しっぱなし。

なかでも、GREE.jpの田中さんとかに会えてよかった。GREE.jpはソーシャルネットワーキングサービス(11)をやってるんだけど、GREE Night 1.0ってオフラインのイベントが日曜にあるので、そっちにも顔を出す予定。

やっぱり、彼らくらい若い世代と話していると刺激になる。ネットの世界から、どんどん世の中を変えていきたい気持ちになる。なんでもできるような、そんな気持ちになる。

27日の午後、ターボリナックスの製品発表会へ。ムービーテレビジョンのスタジオで行われた。倉庫の中にある変わった試写室。なんだかおしゃれなスタジオである。製品自体も非常に好評で、日本でもたくさんのメディアで報道され、海外でも高い評価を得ているらしい。

業者になるな。その先を見るべし

今月のトピックは、リナックスＯＳ(12)の「リンドウズ」で、日本国内の独占販売権を取得したこと。これから幅広く展開できそうで、期待大だな。

５月７日、「クローンＤＶＤ」の作者で、ドイツの天才プログラマー、オリバー氏来社。彼は日本が初めてだそうだ。なかなか感じの良い人である。

話題は変わるが、弊社のコンサルティング事業部の２名が、Ｅメールマーケティング関係の書籍を上梓したらしいので紹介しておく。

羽田寛・小出匡範共著『売上がグングンあがるメルマガ・Eメール虎の巻』（秀和システム刊）

最近Eビジネスが好調なため、弊社のコンサルティングビジネスも受注が拡大してきている。頼もしい限りである。

12日朝、ライブドア・モバイルの取締役会。第三世代携帯電話は、事実上マルチキャリアが可能になっている。SIM LOCKのかかっていない、ノキアショップとかで買える3G携帯には、じつはFOMAのSIMカード(13)が差せて使えたりするし、いろいろ面白い使い方ができるのだ。

外国製のSIM LOCKがかかってない、3G携帯に日本のボーダフォンのチップ差したら、「ボーダフォンライブ！」が使えるんだよね（日本のだけど）。ただし、ブラウザとかメーラーは、日本語対応してないけど、これがもし、日本語対応したとしたら……。

13日、日経CNBCへ生出演。中学校・高校と同級生だった「日経QUICK」記者の古門君が、最近よく記者としてテレビに出演しているらしい。

そういえば上場したときに、東証の兜クラブでの記者会見のときにも来てたなあ。

そのときは10年ぶりくらいの再会で、なんだか懐かしかったのを思い出した。縁があるんだな、きっと。

帰社して「クローンDVD2」の記者発表会。おかげさまで先行予約販売も好調。

16日の午後、神戸ウィングスタジアムへ向かった。楽天の小澤さんに誘われて、楽天がスポンサーをしている、ヴィッセル神戸を応援しにいったのだ。

試合は、相手のゴールキーパーのレッドカード退場で、結果としてヴィッセルの圧勝に終わったわけだが、以前ウェブの仕事を手伝った三浦知良を、久しぶりに生で見た。生のカズコールも久しぶり。

「BOA　SORTE　KAZU!」の横断幕って、確かこのウェブサイトの掲示板とかで盛り上がって作られたんじゃなかったかなあ。懐かしいなあ。

でも肝心のプレーはやはり年齢を感じさせるもの。昔のカズだったらハットトリックだったね。

今年のヴィッセルはホームでは負け知らずらしく、勝って楽天の三木谷さんもご満悦の様子。とまあいろいろ、今後の「livedoorスポーツ」とかスポーツを使ったマーケティングに、現場を参考にさせてもらう。楽天はそういう意味では先進的なIT企業

18日、某大学の投資クラブのインタビュー。投資単位を下げたことで、こういったところに裾野が広がっているのだなあ、と感心。なんでもひとり5万ずつ集めて投資をするらしい。

分散投資を考えればまだまだ、日本の会社の株式最低投資単位は高すぎる。とまあ、評論家になっても仕方ないので実践、実践。

話は少し飛ぶが、アスキーのブログ本担当者に教えてもらった『やまけんの食い倒れ日記』は、美味しいもの情報が満載。この日記から、お店に来店する人がかなりいるらしい。お店のオーナーが毎日ブログつけてくれると、もっと良いんじゃないかと思うのだけど。どうだろうか?

ともかく、早速、チェッカーズに追加。ブログと更新チェッカーは、組み合わせて使うと非常に効果的。大事な情報源になっている。

21日朝一で、六本木ヒルズオフィスの大会議室にてアナリスト向けの中間決算説明会。ネットライブ中継も同時に行った。

決算自体は大幅な増収増益を確保できた。もっともっと頑張りたいと、決意を新たにした。

オフィスに大会議室をオープンしたことで、決算説明会のコスト削減がはかれたし、移動時間もセーブできる。規模拡大の効果だね。普段も子会社のNS総研のセミナーや、コンサルティング事業部のセミナーなどにフル活用している。

22日、飛行機でプーケットに移動する。

みんなを待っている間、メジャーリーグのアスレチックスを舞台にした書籍、マイケル・ルイス著『マネー・ボール　奇跡のチームをつくった男』（ランダムハウス講談社刊）を途中まで読む。メジャーリーグで奇跡を起こした熱血GMの話で、全米ベストセラーとか。

最新の経営のノウハウをつぎ込むことでよみがえるのは、一般の事業会社だけではないということである。

その後、ファイナンス事業部のみんなでダイビングに行く。あまり話をしたこともない社員たちと、素で交流できる貴重な機会になった。

夜は参加した社員全員で食事会。私も含めて多くの社員が自己紹介をして、それぞれの業務を把握でき、交流できる良い機会になったのではないだろうか。

そういえば、SEO(14)についてだけど、グーグルで「社長」と検索するとこの社長日記が一番上に来る。何か利用できないものか？　グーグルで「社長」と検索する人は、何を求めて検索するのだろう?

最近、改めて感じるのは、業者になってはいけないな、ということ。

ここでいう業者とは、他人に依頼されて、そのまま仕事をこなす人たちのこと。依頼された仕事の依頼人が、どういうシチュエーションでその仕事を頼んでいるのか、さらにそのシチュエーションの向こう側にいるエンドユーザーの気持ちまで考えて、仕事をしないといけないと思う。これは社外の仕事も社内の仕事もそうであるはず。

仕事は規模が大きくなれば、間に何人も人が入っていることが多い。大抵は伝言ゲームになる。これは当たり前なので、それを前提にして仕事をしないといけない。

そういうことを、ひしひしと考えさせられた。

早く実行したい。じれったい!

6月2日、東京ビッグサイトで開かれている「LinuxWorld Expo Tokyo/2004」を見に行く。デスクトップリナックスではトッププランナーのターボリナックスのブースは人でいっぱいであった。好調そうだ。よかったよかった。

4日午後、某映画会社訪問。ブログの面白さを伝えたつもり。担当の方は倉木麻衣のファンだった。倉木麻衣はウチでブログ書いてもらってるので、話が通じた様子。よかったよかった。

Mailcreations社(15)を子会社化するという発表をする。

ちょうど欧米ＩＲ(16)をしていたときに、初めて社長のJoseに会ってから、本著の冒頭の時期からだから、3ヵ月とちょっとでうまくクロージングできたわけだ。まずまずの展開か？

このような案件を買い手側の代理人として外部の会社をたてず、このスピードでこなせるところがわが社グループの強みと言えるだろう。

これとは別に。

8日、朝から投資家がやってくる。いろいろインタビューを受けるが、英語でのやり取りは相変わらず疲れる……。通訳の人が「you know」を相当頻繁に使うのがちょっと耳障り。日本語だと「えーっと」みたいな感じだけど、あれはちょっと度を越してるなぁ。

夜は元社員と「Pacific Currents」でご飯。まあ、彼もぼちぼち頑張っているようである。一年に一度くらい会っているのだが、去年に比べて社員数が3倍以上になっていることを話したら、びっくりしていた。

それだけ、我が社もスケールアップしているということか。当事者の僕には、その驚きはタイムリーじゃないんだけどね。

9日はバリュークリックジャパン(17)の定時取締役会。ネット広告の市況はよくなっているようで、広告も順調に取れている。むしろ広告枠の拡大のほうが、至上命題である。

その後、某投資会社の方が来社、いろいろミーティング、夕方、三菱証券渋谷支店にて、個人投資家向け会社説明会。ダブルヘッダーで営業向けのセミナーも。

同じ内容を2回連続で話すのは疲れるかも。だが、今後もこういった地道な活動を続けていきたいと思う。やはり言葉で説明するほうが、わかりやすいみたいだ。

最近、サポートの遅れに対していろいろご意見をいただいている。

急速なアクセスの伸びにサポート体制がついてきていないのは確かな事実で、中国大連のサポートセンターなどもこの事態をよくするために立ち上げたようなものだったりする。最重要課題として、会社としても取り組んでいくつもりです。しばし、お待ちを。

ところで、『100億稼ぐネットベンチャー虎の巻』なるセミナーをやることになった。

起業してそこそこの規模の会社に育てることは、今なら誰にでもできる。大事なのは飛び出す勇気だけである。セミナー聞きにきたら、すぐに明日から起業してほしいなあ、と思う。早いもの勝ちだって。

話題は変わり、再生機構(18)って、なんか僕の知人の経営者が続々と採用されている気がする。

今日も日経ビジネスを見ていたら、ツタヤオンラインの小城さんが、将来の再建企業の経営者含みで採用されるらしいし、元光通信COOの余語さんは、カネボウだし。やっと、マトモな比較的若い人材を、日本でも経営者として認め始めたってことか。

14日、ライブドアモバイルの取締役会。携帯電話の未来について議論(未来といっても2、3年後のこと)。今の携帯電話マーケットがそのままのはずはなく、常に時代の半歩先を行くビジネスモデルを構築しないと儲けることはできない。

それはそうと、BSが1000億を超えている。すごいぞ。

夜は渋谷の「LEGATO」にて、某新規プロジェクトの打ち合わせ。なかなか面白い企画になりそう。しかし一発でグローバルダイニングのレストランって分かるなぁ。店員の威勢のよさとか。そろそろ飽きられてきてるのかなとか思う。飲食業は水商売と言われるゆえんだな。

でもIT関連だってそうなりつつある。幸いなのは、飲食業ほど初期投資が必要ないってことだ。集客もまあまあ読めるし。だからって、決して楽観視はできないけれど。

22日の午後、大阪プロレスの代表のデルフィンさん夫妻が来社。そういえば、えべっさんにブログを書いてもらっている。

なんかすごい団体だなあ……と再認識。僕は、じつはあんまりプロレス詳しくないんだけど、K-1やPRIDEみたいな真剣勝負の試合路線では、確かにプロレスはやっていけない気がする。アメリカのWWE？　のように、エンターテインメントに特化すべきかもしれないね。

そういう意味では人々がこれから、ネットの普及によってテレビ離れが広がり、外に出て娯楽を楽しむ比率が上がってくるんじゃないだろうか。その意味で将来性はあるのかもしれないと思う。

この日、コレド日本橋に行った。このビルは初めて。

と、なんでこのビルに来たかというと、ファイナンス稲門会という早稲田大学のOB／OGの人たち、ファイナンス研究科の大学院生の人たちを対象にしたセミナーに、講師として呼ばれたからだ。同じく講師の早稲田OB藤野さんのお誘い。起業してから、今までをいろいろお話しさせていただいた。

神妙に話を聞いてくれた院生のみなさん、できれば話を聞くだけでなく、すぐに起業してほしいのだが……、ね。

終わってから藤野さんと一緒に夕食をとりながら、日本はグリーンシート(19)の上場会社数が少ないことなど、いろいろお話しする。

もっと、起業することへの精神的ハードルを低くしてあげて、起業率を高めて経済を活性化しないと。若いパワーが今の日本には必要なんだってことに、早く気付いてほしいもんだ。

23日。ネットワンシステムズの社長が亡くなられたらしい。まだ50代だったみたいだ。ご冥福をお祈りしたい。

当社もネットワンさんからネットワーク機器などを仕入れることがあるのだが、今後の対応は大丈夫だろうか。このように急成長したシステム機器販売会社は、社長の営業力によるところが多いのだ。

ＩＴ関連企業ということで、みんなスマートな営業を想像しがちだが、実情はベタベタのリレーション営業である場合が多い。アメリカとかの寡占メーカーの商品を扱っているから、競争優位性が作りにくいのだ。つまり、価格かリレーションでの営業、となってしまいがち。

もうひとつ、考えられること。

現代の上場企業の社長の受けるプレッシャーは、10年前とは比べようもなくシビアになっているということだろう。若ければ無理も利くが、50歳を超えてくると無理が利かなくなるだろうことは、容易に想像がつく。

私も今の業務を50代でやれる、やりたいとは到底思わないし、思えない。それは部下にやらせれば、と思われるかもしれないが、それでは単なるお飾りではないか。お飾りに社長ができるようでは、到底トップ企業の仲間入りはできないだろう。

現在、業界トップ企業の社長が高齢でもやっていけるのは、若手が頑張っているからに他ならない。つまり、お飾りにかなり近い状態なのではないか、と僕は思っている。

すでに基盤ができているから、というのもあるだろう。新たにトップ企業の仲間入りをするには、社長は20～30代でなければ難しいのではないだろうか。まあ、経験を踏まえてね。

24日に、わが社の基幹データセンターであるライブドアデータホテルのウェブが、ひっそりリニューアル。

もともと、あまり目立つ事業ではないが、わが社の事業展開がスピーディーにできるのは、じつはこのデータセンターのスタッフのおかげであったりする。他社に先駆けて、2000年初頭からデータセンターのフルマネージドホスティングを手がけている。

ネットバブル以降、競合他社が次々と撤退、買収されていくなか、早々に黒字化を達成し、数百社のお客様にご利用いただいている。

市場はいよいよ淘汰された感がある。そんななかで、我が社は現在もライブドアポータルサービスの拡充を目指し、ロードバランサー(20)や大規模アクセスに耐えうる大型サーバーの導入などをやっていて、サーバーの新規セットアップも最速でこなしている。

他のポータルサイトで、100%自前で独自のネットワーク網を持ち、人員を抱えてやっているところはないと思われる。我が社はその分小回りも利くし、痒いところに手が届く体制作りができているわけだ。最後の決め手は、やっぱりマンパワーによるところが大きいとも言えるか。

言うまでもないけれど、だからって、ただやみくもに数が多いってことじゃない。人材の質は、世界に出しても恥ずかしくないスタッフをそろえられていると自負している。

午後はアスキーの福岡さんが来社。ブログの週刊誌って話を聞いた。かなり面白そうだ。その後の取材も、またまたブログについて。続くなあ、ブログ流行ってるなあ。いい感じ。

夜は麻布十番の「幸村」でご飯。ここは超人気店らしく、かなり前から予約しないと入れないらしい。評判に違わず、激ウマ。なんでも美味しかった。酔いと一緒に気持ちのテンションも上がってくのが分かる。そのまま気をよくしてさらに場所を変え、企画会議。面白い企画が次から次へと出てくる。

早く実行したい。じれったい！　そんな気分で過ごした一夜だった。

帰宅すると、テレビ東京の「ＷＢＳ」で日産のカルロス・ゴーンさんが登場していた。彼にそっくりなのが、当社のファイナンス・コンサルティング部門を統括する羽田である。

彼は明日、改名決議予定のライブドア証券の代表取締役のひとりに選任される。彼の手腕に期待している。銀行マン→コンサルティング会社と渡り歩いてきた経験と知識を、存分に活かしてほしいところである。

25日、朝から日本グローバル証券の株主総会。私の取締役就任とライブドア証券への商号変更などなど、つつがなく決議され、閉会した。その後、巻島社長とお話ししたあと、帰社。これからが勝負である。もっと頑張ろう。

その後、新生ライブドア証券の役員懇親会。これからの抱負などを語る。いろいろ大変なことは多いと思うが、やりきるしかない。

さらに六本木に移動して、新生ライブドア証券の、特にオンライン部門を担う羽田と、さらに懇親会。これからが彼の正念場となる。

そうそう、このブログへのコメントで「署名で書く記者の云々」というブログで、私の日記のことが書かれているらしく見に行ってみる。なんか僕、鼻持ちならない人間らしい。

こんなこと言われたの初めてかも。なんだか感動。もっと感動したのはスノッブだと言われたこと。スノッブだって！

マトモな判断しなきゃ

7月12日の取締役会では、ジェイ・リスティング（21）を買収し、念願のディレクトリサービスの自前化を実現。

そしてなんといっても、「ねとらじ（ネットラジオ）」。これから個人のラジオ放送局はかなり増えてくると思われる。

ミニFM局だとエリアが限られるけど、ネットなら世界中に発信可能、ということは超ニッチコンテンツでもラジオ局がやれちゃうということ。面白くなりそうだな。ネットがメディアのトップに立つのは時間の問題だってこと、みんな分かってるかな？

そういえば、僕の証券外務員の試験ですが、無事合格してました。昔から本番には強いみたいです。二種はとれたので、次は一種です。これをとれば、信用とか先物も（僕が）売ることができるようになります。

証券会社の役職員は、内規で取得するようになっているので仕方ないんですよねぇ。

やはり銘柄の推奨みたいなことを少しでもやってしまうと勧誘行為になってしまうので、資格がないと下手な突っ込みを受けかねません。次は一夜漬けだと厳しそう……。

もうひとつ、社内でもワークフローシステムがやっと立ち上がる。これまで請求書の数もたいしたことなかったので紙処理だったんだけど、さすがにシステム化しないとね。かなり良いでき。これで社内システムはほとんどペーパーレス化できたな。もちろん自社製。

話は変わるけれど。あちこちでライブドア前社長の話とか、聞かれてもなあ。前社長っていったって、当社がエッジ株式会社だったときに、旧ライブドアが民事再生法申請して、事実上潰れた会社の営業を譲り受けただけなんですよ。今はぜんぜん、まったく関係ないんですけどね。あちこちで、それぞれがいろんな解釈をして、話を持ち出すんですね……。

しかし、孫さんの錬金術はすごいな、と感心。ＮＴＴの幹部が、どこからカネが出てくるのか分からないと舌を巻いていたらしいが、それは事業とファイナンスの両方を熟知している社長だからできることなんだよ、と言いたい。ＮＴＴも、もっと勉強しろよってことだね。いつまでも旧体制のアタマじゃダメってことだよ。彼は、北尾さんのノウハウも吸収し尽くした感じだな。僕も負けないように頑張ろう。

21日、電話会議。このところ電話会議の頻度も増えている。電話会議よりML（メーリングリスト）とかメッセンジャーのほうが便利なのに。まだまだみんなアナログだねぇ。

で、ウェブキャッシングの取締役会。事業自体は調子いいのだが、どうやったら何倍にも事業規模を増やせるかが課題。

オペラ社との共同記者会見もできたし、やっと新しい日本語版のリリース日を発表した。この発表まで、長かったなあ……。

その後、新宿に移動して、ネットシネマ「ベストフレンド」の試写会に出席した。熊田曜子さんは初主演だったみたいだけど、初めてにしてはなかなかの演技。グラビアアイドルから、女優に一皮むけることができる可能性が高いとみた。

ネットシネマ第一作の「来訪者」に出演した小野真弓さんも他所でネットシネマに主演しているみたいだし、木内晶子さんもお医者さんの役で昼ドラに主演してるみたい。監督や役者の演技を磨く登竜門のような形で、役に立っているのをみるとうれしい。

24日の夕方、東京国際フォーラムへ、ライブドアでブログをやってもらっている倉木麻衣さんのライブを見に行く。初めて会ったのだけど、小っちゃいし可愛い。あの力強い歌声がこの体のどこからわいてくるのだろうと思った。

さてライブ本番、ＭＣも真面目な感じで、まさにブログに彼女の性格が表れているのだなあ、と思った。

手の親指と人差し指でエルのサインをするのがこのライブツアーのお約束？　なのだ。ＬｏｖｅのＬだけど、ライブドアのＬでもあるんだよね？　違うか……。そうそう、倉木麻衣さんのライブツアーの映像を独占配信予定なので、そちらもぜひ見て下さい。

彼女が所属しているビーイングの長戸社長にも面会。音楽業界の名プロデューサーは、ほかの業界でも才能を発揮して大成功を収めるのだなあ、と改めて感心。秋元康さんしかり、本当に才能のある人というのはどんな分野でも、それを発揮して業界の壁を越えていくのだ。

思うんだけど、先日の「聘珍楼」での某社トップとランチミーティングをしたときのこと。彼は日本でも有数の経営者だと思う。いろいろご一緒できることがありそうだと思う反面、こういうマトモな判断をできるトップが少ないことが、日本経済の停滞の原因だよな、と感じる。

今のままじゃ、若手はやる気なくすし、外注業者もやる気のない提案をしがちである。

トップがマトモな人に代わりさえすれば、どんな会社だって再建できるのかもしれない。

7月末〜8月頭にライブドアニュースの大幅配信記事増強を考えていたんだけど、順調に進んでいた読売新聞の記事配信が、なぜかキャンセルされる。なぜだろう……。裏読みしたくなるよね。読売なくても、ニュースサイト的には平気な気もするけど、どうだろうね？

学生は『よく稼ぎ、よく遊べ』

そうそう、証券外務員資格は無事、一種も合格していた。これで試験はおしまい。一件落着。

一部コメントにM&A(22)した会社の人材を激しくリストラしてる、なんてこと書いてありましたが、まったくの事実無根です。

給料体系は段階的に我が社の体系（3ヵ月ごとに変更、退職金制度無し＝いったん今までの分を清算など）に変えてもらいますから、それが不満かどうか分かりません。それで自主退職というのはパラパラありますが。

また、旧ライブドア社員を全員リストラとかよく言われますが、旧ライブドアは民事再生法(23)を申請して、その段階で全員解雇されますから（それが普通）、当社が解雇したわけではありません。

当社はその後、解雇された社員を若干名、再雇用しています。それも各人に希望をとり、面接した結果です。

むしろ買収した会社出身の人材が、取締役・執行役員の多くを占めており、我が社にとってのM&Aは人材確保の手段として機能しているという、指摘とまったく逆な状態です。うわさとか思い込みって怖いですね。

平均在籍年数が少ないことを指摘して、社員の出入りも激しいとか言われていますが、そりゃあ急に人数増えれば、平均で在籍年数が少ないのは当たり前でしょう。社歴年数も考慮して考えてくださいよ。

8月12日夕方、急きょインタートレードの荒木社長来社。上場承認がされたので、まっさきに駆けつけてきていただいた。

インタートレードは子会社のライブドアファイナンスの投資事業組合の1号ファンドの投資先企業で、足掛け4年程度のお付き合いになる。

当社がリードインベスターでもあり、いろんな意味でこれまで支援してきた企業でもある。新生ライブドア証券のIPO銘柄第1号にもなっていただき、非常にありがたいことである。これからももっともっと、発展していく企業となることを期待している。

27日は出社早々、取材が2本連続。ひとつは、わりとイラストが好きな綿谷画伯の取材だった。彼の絵で自分が描かれるというのは変な気分。

その後、ベンチャー関連の講演で、さいたま市に移動する。

私の話を聞きにくる時間があったら、私の本を読んだほうが早いですよ、と冒頭に言ったんだけど、居眠りしている人もチラホラ。居眠りしている人、何しに来てんだろう？　まあでも、その後交流会とかあるから、そっちが目当ての人も多いのかな。

って、思ったとおり、交流会に顔を出したら名刺交換の嵐になってしまい、ちょっと時間が押し気味に……。

8月も終わりに近づき、いよいよ決算、決算。9月は営業ネジ巻かないと。その後、取締役会。ロイヤル信販と、アルチェ(24)の子会社化関連の決議。

消費者金融事業は、われわれグループに入ることにより低利の資金調達に切り替えられ収益アップするだろう。アルチェはotd-bbs(25)などをやっている会社。かなりのページビューアップが期待できる。

そうそう、ドリームゲートの企画で、学生がインターンとかいうやつでついて回ることになっていた。おまけにTV局の密着取材まで。いきなり初日に「自分探しに来ました」とか言われて、萎える。学生はバイトでよく稼ぎ、よく遊べ。とか思ってしまうのだが。

まだまだ捨てたもんじゃないぞ！　日本。

9月3日朝から取締役会。今日は決議事項が多い。今回の買収数件でライブドアのPC向け、モバイル向けのページビューはかなり大きくなるし、広告などの収益も大きくなる。

どれもページビューがあるが、それにライブドアのブランドを付加することにより、広告料金も以前と比べてレベルが上がってくる。相乗効果の結果。

その後のバリュークリックジャパン取締役会でも、EXマーケティングと合併することにより営業のパワーが格段に上がるはずと、結論付け。期待大。


9月3日の買収4件について少し。

私としてはかなり良い買い物だと感じています。

セッション(26)とサイバーアソシエイツ(27)は、見ていただければ分かるとおり兄弟会社のようなもので、携帯のメールマーケティングが主な収益源になっています。小さな会社で社員も少ないけれど、その分、統合はたやすい環境にあります。

携帯メール広告は、リスティング広告(28)と並び、ネット広告の中でも大きな収益を占める分野へと成長しました。さらに、これからまだまだ伸びていくことを考えると、買収金額は早期に回収できるはずと、睨んでいます。

トリプルエー社(29)はページビューの買収なので、したらばと同じです。ライブドアポータルからの誘導等でシナジーを発揮できます。

キューズネット(30)は、いわゆる真面目な男女の出会いのためのサイトとして成り立っています。これからますます増えるであろうネットでの出会いから、さらに結婚へとつながるサイトであり、不足している結婚情報誌媒体枠への広告出稿なども誘導できると考えています。

直近、減収だけれど、運営母体が十分儲かっているので、販促活動などをあまりやっていなかったせいだと判断しています。これから普通に販促すれば、売上げ・利益ともに伸びていくはずです。

同日に、買収を発表した携帯サービスの媒体力も使えます。

16日、ＮＳ総研主催のＭ＆Ａセミナーへ出席したが、思ったよりもかなり濃いセミナーができたと思う。参加者の方々も意欲十分で、すばらしい。パワーをもらったような気がする。

そのまま、アカデミーヒルズで新球団設立申請の記者会見を行った。

マスコミを避けて、作業用エレベーターで帰社することに。やれやれ、と言ってもいいかな。すごい熱気にあおられてる。

ところで、『スリッパの法則――プロの投資家が教える「伸びる会社・ダメな会社」

の見分け方』（藤野栄人著／ＰＨＰ研究所刊）、面白い本なのでオススメです。そういえばウチもスリッパだったけど、スリッパやめて会社は伸びたなあ……。

また話題が変わるけど、最近、思うことなのだけど、本当の意味で有能な人が社長になるケースが増えてきた気がする。まだまだ捨てたものじゃないな、日本経済。今が変化のターニングポイントなのか？

デジタルハリウッド主催の「ブログ会談２００４」に参加した。

杉山校長にデジハリ大学（31）の特認教授を依頼されたり、アスキーの方もブログこっそり始めてたり。なんか久しぶりに、マトモな世界に帰って来たという感じかなあ。

話が通じる世界。これって、癒されてるのか？

そうそう、帰りにアスキーの人から特製ゼロハリアタッシュケースをいただく。ライブドアデパートでも絶賛発売中だ。限定２００個らしく、早い者勝ち！　価値ある一品。

会社とともに燃え尽きたい

忘れてはならない、記念の一日。

10月4日、六本木ヴェルファーレでベストジーニスト２００４の授賞式に出席。周りの面子スゴすぎ！　浜崎あゆみに堂本剛……などなど。

僕でいいのか？　なんでだ？　でも素直に、うれしい！

華やかなひとときを終えて、翌５日。

今日はMyrice Limited（32）買収のリリースをやっと出せた。Myriceは旧Lycos Chinaで中国では9位と、これから伸びる余地の大きい会社。

子会社化して、日本のブログやギガメイラーなどのサービスを移植することで大きくアクセスを伸ばせるだろうと試算している。これから発展する中国のブロードバンド・モバイルのユーザベースに合わせて、収益も大きく拡大するものと期待している。

なんといっても分母がデカい。

とはいえ、会議のテーブルに載せて以来、3ヵ月以上かかってしまった。もっとスピーディにやろう！

余談ですが……あの！　ひろゆきのブログ本『元祖しゃちょう日記』（講談社刊）もひっそり発売されている。じつは、あとがき、僕が書いたんだ！

14日はNPB（33）第2回公開ヒアリング。いろいろ野球以外の質問が出たけど、それがどうつながっていくのか、どういう審査をされるのか、結果がどのように出されるのか。

その後、今日のヒアリング内容について会見。その後はまた別の記者会見で、新球団のスカウティングディレクターに日野さんが就任、監督にはオマリーさんを内定していることを正式に紹介。オマリーさん、じつにナイスガイだ。

と言いつつ、深夜帰宅。今日は疲れたのと、時間がなくて珍しく夕食も食べずに寝る……。

そうそう、前述のデジハリ大学の特任教授に選任される。年に1、2回は講義やるようだ。

球団名も決選投票中である。やれるだけのことをやろうと、本気で思う。

いよいよ26日、ライブドアベースボールの新球団名発表の記者会見。新球団名は「仙台ライブドアフェニックス」に決まる。チームカラーは赤だ。

続いてSkype社（34）との提携記者会見。Skypeは高い音質とＰ２Ｐによる接続のために、高価な交換機設備がいらない次世代のＩＰ電話ソフトだ。先月ロンドンで提携交渉をしてからスピード提携に至った。彼らのスピードにも敬意を表したい。

やっぱりこのスピード感でなきゃ。

その足で、福岡証券取引所へ。ライブドア証券が会員になったので、その記者会見をする。これからベンチャー企業をどんどん上場させていきたい。

そうそう、イーバンクとは提携解消してしまったが、２００５年から我が社では新しい銀行を設立してふたたびスタートを切ることになった。


10月29日です。32歳になりました。

たくさんのメッセージ、メールなどでいただき、ありがとうございました。またプレゼントもたくさんいただきました。ありがとうございます。

もうかなり年を取りました。会社を作ってからの８年間は怒濤のように過ぎ去りました。燃え尽きるまで頑張ろうと思います。

ブログにもっと力を！

11月1日、フェルディナンド山口氏来社。前作の著書『恋愛投資概論』（ソフトバンクパブリッシング刊）に引き続き、『ＯＬ合コン会社情報』（同）を持ってきていただいた。

不倫ネタを暴露している某企業の社員からクレームが来ているらしく、難儀されている模様。でも面白い。頑張ってほしい。

翌日、取材などをこなし、新幹線で仙台へ。ホテルにチェックインし、ＴＶ局の取材が数本あった。

そして、電話連絡で、「仙台ライブドアフェニックス」が幻に終わったことを知った。その後、記者会見。みなさん、よくご存じの光景。テレビ出演の続く時期だったね。

仙台駅に移動してから、帰京。帰ると自宅でワサワサと作業してる人たち。ああそうだ、友人が六本木ヒルズで休日の出店寿司屋をやるらしく、ウチで仕込みをしてたんだった。おすそ分けをもらう。

疲れたのでいったん休むも、途中でナビスコカップのFC東京対レッズ戦に釘付けになる。スタンド真っ赤だなあ。

9日は、東京証券取引所で弥生買収の記者会見。弥生会計は当社の創業期に使っていたり、今でも給与計算に使っていたりと、とくに中小企業には重宝するソフトである。金融ビジネスとのシナジーなども抜群だ。これからの業績牽引のドライバーになるに違いない。


ちょっと話題を戻すけれど……。

16日の記事。

「メジャーリーグに参入?」

最近(とくにスポーツ)新聞記者の妄想が激しい気がします。胸先三寸でいくらでも記事を膨らませることができるんですよね。

そういう意味でも、このブログは大事。誰にも邪魔されず、自分の言葉で書ける唯一の場。これからますます重要になっていくと思われます。

逆に言うと、偏向報道によって、これまで潰されてきた人たちがどれだけいただろうか、とも感じます。

役人の裁量範囲も、記者の裁量範囲もかなり多いことを知っておいてほしいし、もっとブログによってネットの個人発信が認知されて、その裁量範囲がなくなることを期待します。

他人の言葉じゃなくて、個人の言葉に耳を貸すべきです。


17日に、運転免許の更新に行く。退屈な時間……。ビデオとか渡してもらって、ネットで簡単な試験とかやらせたほうが時間と金の節約になるし、効果が上がると思うんだけど。

天下り団体の保護のために、貴重な時間を使わされるのは納得いかないな。ここはホントに資本主義国家か?

18日は大前研一のアタッカーズビジネススクールで講演。つくづく不思議なのは、なぜわざわざ、私ごときの講演を聞きにくるのかということ。

起業したいなら、今すぐ起業すべきだし、私が講演で話すことなど私の本に全部書いてあるに決まっている。

それが当たり前というものだ。

私が大学に行かなくなったのも、教授は自分の本の内容以上のことは話さないということが分かったからだ。起業している人は、私の講演を聞く暇があったら営業に走ったほうが良い。

ということで、ずっと質疑応答、というか個別コンサルティングを2時間まるまるやった。こっちのほうがよっぽど役に立つ。実際にビジネスにつながる事例がいくつかできてよかった。

アフィリエイト(35)も好調っぽい。私のページから、18日だけで3500件ものクリックがあった。市民記者の募集も開始した。これから報道のあり方も変わってくる、確実に。

19日、朝から決算説明会。いつも横に座っている宮内、今年はどうやらマイク係で参加。今年度も頑張って予算達成しような。

この日の午後は新聞の取材だった。競馬ビジネスの将来性について。あんまりネタばれするとなあ……。

27日夕方、「氣志團　ARENA GIG TOUR 2004 氣志團現象最終章 "THE LAST SONG"」を観戦に東京ドームへ行った。

前から団長に欲しいって頼まれていた、バイオをプレゼント。これでブログをより頻繁に書いてもらえるかな？　面白いネタ、頼むよ。

ＧＩＧは期待通り、かなり面白かった。この勢いで紅白歌合戦でも大暴れしてほしい感じ。

連結子会社のウェブキャッシングの取締役会。決算も締まり、こちらは業績絶好調。提携先もかなり増えている。保険比較やら金融比較系のサイトはこれからも力を入れていきたい。ライブドアクレジットなどもウェブでの顧客獲得メインで進めている。

30日朝から、機関投資家向けＩＲツアー。今日は5件回った。いつも話しすぎて時間オーバーしてしまう。前回の面談からアップデートしている事項が多いためもあるが、ＩＴ分野のアナリストと化しているという説もある。

日本や韓国でのブロードバンドの波は、確実に1〜2年後には全世界に波及するはずである。格安ブロードバンドやリナックス搭載の格安ＰＣなどが普及してくれば中国なども大きな市場になりうると感じるのだ。

すでに米国のMailcreations、中国のMyriceと橋頭堡は築いた。あとは日本での技術力・企画力を持っていくだけである。

ライブドアで宇宙へ行こう！

今年もあと１ヵ月、ラストスパート。

12月１日、出社して取締役会。ビットキャッシュの株式交換による完全子会社化の決議とか。ビットキャッシュは最近、単月売上高が10億を超えるようになった。買収した当初は数百万しか売上げがなかったのだが、かなり増えたのでいろいろなビジネス展開が考えられるようになった。

そのうち、いろんな場所でリアルにビットキャッシュが使えるようになると思われる。

夕方、流行語大賞の表彰式。となりに長澤まさみさんがいてなんとなくうれしかったりして。ベストジーニストといい、今年は華やかなステージに縁があるよなあ。まあ、いい経験。

ところで、いまだに当社は給与計算に弥生給与を使っている。５００名を超える社員の給与計算をしている例はほかになさそうだ。

でも1年以内にはサードパーティのSQLサーバー(36)が使えるようになるので、数百名でも問題なく使えるようになる予定。会計のほうは先にサードパーティのSQLサーバーに対応する。

3日午後は、ニッポン放送の番組出演。森永卓郎さんの番組。

森永さんといえば『年収300万円時代を生き抜く経済学』(光文社刊)の本が有名だ。検索してみると、すげえ数の本が出ている。

そういやこの人、収集癖がすごいんだった。ミニカーの本とかあるし。私はなぜかドラえもんの人形にサインをして、それも収集されてしまう。さすが。目のつけどころがすごい。

その後、機関投資家と面談。IR活動は継続が大事。すぐに結果が出るわけではなく、その蓄積がモノをいってくる。結局われわれのような新興企業は将来的ビジョンの共有が最大の関心事であると思う。

それから、新しい書籍の打ち合わせ。今度はブログ本のプロジェクトである。話題だしね。これも可能性を秘めている。

8日、「千代田区永田町1-1-1」という、とんでもない住所にある憲政記念館で、某議員とパネルディスカッションした。

以前、選挙に行かない発言をしたときは、眉をひそめられたけど。今回も同じ発言をしたら、ケータイで投票できるようにすれば堀江さんは投票しますか？　とか聞かれて、ＹＥＳ！　と答えたりと、歩み寄りムード。

選挙は一種のお祭りだった昔に比べ、確かにいろんな娯楽がありすぎて、近所の小学校に投票に行くのすらおっくうという若者は多いだろう。投票率を上げる簡単なやり方は、ＩＴツールのうまい活用方法だろうと思った。

10日の朝から、ポータルサイトの定例ミーティングを行う。ページビューもここからどれだけ伸びるかが本番となってくる。

機能追加のメドもだんだん立ってきたので、２００５年度の２Ｑ中には、ほぼ機能は揃うはずだと判断　あとはどこまでコストをかけて会員募集をするかが、勝負となる。

スケジュールはちょっと押し気味だが、こういう事業の場合、順調に行くことはあまりないので、まあまあのスケジュール感だろう。とはいえ、スピードは大切。気を抜かずにやろう。

13日の朝から営業戦略会議。最近事業部内でもセグメント分けが細かくなりすぎて、戦略会議だけでは細かい点まで見られない。なので、戦略会議を事業部ごとにやろうかと思っていたりする。

資料に不完全な部分があったので、この日の会議は途中で中止。火曜日に再度仕切り直しとなった。まあ、ひとつの事業部だけで2年前の全社売上分くらいを稼いでいるわけだから、ある程度は仕方ないが、きちんとやるようにしないといけない。ハッパをかけなおす。

そしてポータルサイトの企画会議。システム構築がわりと順調に進んでいる。交通整理や重要度の振り分けさえきちっとやれば、うまく進む。12月でポータルサイト運営の幹部クラスも揃うので、来年はナンバー1を狙えるところまできたと思う。


16日、朝からＪＡＸＡのイベントへ出かけた。

ＪＡＸＡっていうのは、２００3年10月1日にＩＳＡＳ、ＮＡＬ、ＮＡＳＤＡが統合してできた、独立行政法人「宇宙航空研究開発機構」のこと。独自のアプローチで、宇宙や空へ挑んできた各機関が一組織として統合された。

僕は常々思っていた。なぜ手軽に、有人宇宙飛行ができないのか……ということを。そんなテーマについて、いろいろ話させてもらった。

現代はいろいろな価値観が認められる時代。政府レベルでは有人宇宙プロジェクトはなかなか難しいかもしれない。結局、強力に推し進めるリーダー次第というところなのだろう。

ライブドアで有人宇宙飛行を事業化する、と決め付けられている記事も散見されたが、ライブドア社としての関与はどこまでなのかは未知数である。

でも宇宙には夢がある、のも事実である。ＪＡＸＡの人たちもかなり有人宇宙飛行に興味ある様子だった。私個人的には、ぜひ宇宙に手軽に旅行できる時代に今すぐくしたいと思っている。やろうと思えば、できるという手ごたえだってある。目指すのは、無限の宇宙だ。

ところで、どんどん事業提携が決まる。

株主総会のリハーサル第1回。会社の事業内容のプレゼンテーションをできるだけ株主の皆様に分かりやすく伝えたいと思う。

22日、朝からお客様のコールセンターのオープンセレモニーに出席。この会社はコールセンター業界で急成長している会社。当社のソリューションを利用してもっともっと飛躍するといいな。

四半期ごとの給与査定会議。四半期ごとに社員が急増。報告を聞くだけでも時間がかなりかかるようになった。もう6年以上使っている仕組みだけど、早めに構築しておいてよかったと思う。

人の縁とは意外なものである。金曜日、読売新聞をはじめとする日刊各紙に私を起用した全面広告が載る。

思えば弥生会計にもお世話になった。企業経営者にはメジャーな弥生のブランドも一般にはまだ浸透していない。これからいろいろやらないと。

青山の「ｕｒａｋｕ」にて某氏らと会食をしたのだが、話題が広がって日本の政治の未来についてとかまで発展した。

私的には移民を多数受け入れて、日本の人口を爆発的に増やすべきと考えている。日本語を話せる人が増え、日本経済の活性化・内需拡大につながると思う。出生率も上がる。

少子高齢化前提の議論は、後ろ向きすぎると思う。もっと国境を超えて、広いスケールでものが見れないのだろうか。そうすれば、いろいろな問題が解決するはずだと思う。

26日は早朝に起きて、新高輪プリンスホテルへ。今日は一日、株主総会対応である。朝着くと、早くから社員・役員のみなさんが準備に大忙し。数千人の来場者に対応する体制を作るためだ。１００人を超えるスタッフはすべて社員でまかなった。

コストの問題もあるが、直に株主の皆様と接して皆様のお金を預かっているという意識を徹底させるという目的もある。

皆様に応援していただいていることを感じて、今後の職務に生かしてほしいという思いもある。

開場ギリギリまで、株主総会のリハーサルは続く。納得できるまで、調整しておかないと。スライドはアップル社製のキーノートを用いて作成。いい感じに仕上がったが、いろいろ修正も必要だった。

そして総会の開会。おかげさまで、議事は順調に進み、すべて滞りなく議決された。ちなみに昨年の総会は、こんな感じ。今回は日曜日ということもあり、この20倍くらいの株主の方々に来ていただいた。

事業部説明会をやっている最中に、われわれは取締役会。今日は決議事項が10個もある……。そして事業部説明会に途中から参加。どうやら、説明会はうまくいっているようだ。

最後に私が登壇し、質疑応答に移る。大変参考になる意見を多数いただき、早速業務に活かさせていただこうと思う。18時30分くらいまでかかった。最後までお付き合いいただいた株主の皆様、ありがとうございました！

ちなみに会場内はＷｉＦｉのネットワークが張り巡らされ、今回はストリーミング配信サーバも増強したので、きれいな動画が見られたようだ。チャットも活用されたらしい。

総会の模様や当日使用したスライドは、後日ＩＲページで公開する予定。

事業部説明会終了後、取締役会の続き。また今年も任期1年、頑張ろう！

27日、朝から営業戦略会議。すでに第１四半期の最終週。四半期決算を締めていくのはこの規模になると非常に大変……と、年明けからはもう第２四半期のことを考えなければならない。立ち止まる時間がないからそれに合わせていくしかない。

ある雑誌の取材を受けているうち、社長というのは現場でバリバリ、オペレーションをやりながら、将来的ビジョンを提示し、その実現に向けて頑張るというのが当然だと思っていたのだが、世の中の社長はそうでもないらしい。というのが分かってきた。

もちろん事業部ごとに権限委譲を進めていくのは当たり前だが、やはり、口を出すかどうかは別として、各事業部の細かい数字やオペレーションまできちんと把握しておくべきなのだと思う。

それをやるのが最低限で、そこから将来の成長イメージを現実化していくのが、社長の役割だと思う。ビジョンもオペレーションもしっかりできてこそ、社長と名乗れるのだと思う。

さて、いよいよ2004年も終わる。

六本木ヴェルファーレで、ライブドアグループ全体の大忘年会を行った。1年で参加者が3倍に増えていた。2次会は西麻布のエーライフで。当社のポータル部門の責任者の伊地知が、マツケンサンバを踊ったのは忘れられない思い出になった。

12月31日、大晦日にはめずらしい雪。

さいたまスーパーアリーナへ向けて出発。雪のせいで3時間もかかって到着。PRIDE男祭り2004――SADAME――観戦。帰りも結構時間かかりまくる。夜はヒルズ近くの中華「中国茶房8（チャイニーズ・カフェ・エイト）」へ。ちょっとイマイチかなあ、自分的には。雰囲気はわりと良い店なんだけど。

そうそう。日付は0時過ぎていたので、近くの小さな神社で初詣。甘酒をいただく。おみくじはなんと、3年連続「大吉」。そういう予感はあったのだけど、なんとなくうれしいもの。

2005年も良い年になるといいな。

注釈

（1）リンドウズ　Lindows.com社のウインドウズ互換ソフトウエア。価格は数千円程度とウインドウズの数分の1となっており、マイクロソフトオフィスなどウインドウズ向けのアプリケーションソフトの一部がそのまま動作する。

（2）トータルワークアウト　ケビン山崎を代表とする渋谷等にあるトレーニングジム。有名人の利用者も数多い。トレーニングに関するコンサルタント業務や関連商品の開発・販売などもしており、人生を積極的に生きることをサポートするフィットネス。

（3）ＩＰＯ　Initial Public Offering　新規公開。まだ上場してない未上場企業が初めて上場することをいう。

（4）ＩＰ電話　インターネットの回線を使う音声電話サービス。従来の電話回線よりコストがかからなく、最近特に利用者が増えている（ＩＰはInternet Protocol）。

（5）ＣＣＣ　カルチュア・コンビニエンス・クラブ（Culture Convenience Club）株式会社。レンタルおよび販売店チェーン「ＴＳＵＴＡＹＡ」を運営・展開している。

（6）レントラックジャパン　ＰＰＴ事業、映像音楽ソフト販売事業や映像コンテンツ事業などに携わる会社。

（7）ＴＯＢ　take-over bid　株式公開買付けのこと。株式などを買い付ける場合に、買付けの期間・数量・価格などをあらかじめ公開し、投資家の保護と市場の秩序を維持する。
(8)ＩＭＪ　ウェブインテグレーション事業やエンタテインメントコンテンツの企画・制作・プロデュースなどを手がける会社。
(9)ターボリナックス　各種プラットフォームに対応するリナックスＯＳ製品を開発・提供している会社。
(10)ＩＰ-ＦＡＸ化　ＦＡＸでＩＰ電話同様インターネットの回線を利用してＦＡＸを送ること。
(11)ソーシャルネットワーキングサービス　ソーシャルネットとは、ネット発の人脈作りによる新しい社交のあり方で、そのサービスを提供すること。
(12)リナックスＯＳ　ウインドウズやマックＯＳと並ぶＯＳのひとつ。ＵＮＩＸ系のＯＳであり、注目度が高い。
(13)ＳＩＭカード　携帯電話の中にある、携帯電話番号、電話帳、回線契約に関わる情報などが記録されているＩＣ（集積回路）チップが組み込まれたカード。
(14)ＳＥＯ　Search Engine Optimization　検索エンジン最適化や検索エンジン上位表示の技術。
(15)Mailcreations社　インターネット広告代理店。本社はアメリカ。
(16)ＩＲ　Investor Relations　投資家向け広報活動。
(17)バリュークリックジャパン　インターネット広告配信やマーケティング・プロセス・アウト

ソーシング事業に携わる会社。
(18) 再生機構　「産業再生機構」。２００３年4月の株式会社産業再生機構法の施行を受けて設立された政府機関。銀行などの金融機関が抱える不良債権を買い取り、融資先である企業の再生する事が目的。
(19) グリーンシート　日本証券業協会が未公開企業の株式を売買するため、平成9年7月からスタートさせた制度
(20) ロードバランサー　サービスを遅滞なく継続するためのさまざまな仕組みを統合的に提供する製品群。
(21) ジェイ・リスティング　有料ディレクトリー審査サービス会社。
(22) M＆A　企業の合併・買収のこと。
(23) 民事再生法　倒産する前に経営が再建可能な手段があれば倒産しなくてすむ、企業を再建させる法律。
(24) アルチェ　インターネットホームページの企画・製作・運営、情報処理システムの企画・設計・管理会社。
(25) otd-bbs　個人向けレンタル掲示板サービス。広告付きの無料掲示板と広告なしの有料掲示板との2種類がある。

(26)セッション　コンテンツ開発及び携帯コンテンツの企画立案・開発会社。
(27)サイバーアソシエイツ　インターネット等デジタルネットワーク上での広告、マーケティング、プロモーション、ＰＲ活動の企画、運営、コンサルティングなどに携わる会社。
(28)リスティング広告　検索したときに検索エンジンの上のほうに出てくるスポンサーサイト。検索エンジンに対応したキーワード広告。
(29)トリプルエー社　低所得者を対象とした地域密着型を目指す会社。
(30)キューズネット　オンライン結婚情報サービス会社。
(31)デジハリ大学　デジタルハリウッド大学。１９９４年10月に設立。業界大手企業の日立製作所、内田洋行、タイトー、関西テレビ放送、ナムコなどから出資を受けている、日本初のデジタルコンテンツクリエイタースクール。
(32)Myrice Limited　ポータルサイトの開発・運営ならびにコンテンツ事業。本社は上海。
(33)ＮＰＢ　日本プロフェッショナル野球組織。
(34)Skype社　「Skype」の開発元会社。「Skype」を通じ、コンピュータ間で、高音質の無料音声通話を実現させるという、通信業界でも革新的な事業を展開している。
(35)アフィリエイト　ホームページに広告を貼ることにより、企業から報酬が得られるというインターネットならではの画期的なネットビジネス。

（36）ＳＱＬサーバー　ＳＱＬはStructured Query Language　構造化問合せ言語とも言い、この言語で作成されたサーバー。

第2章　ライブドアの新たな事業展開

イチ押し！「ぽすれん」

僕は我が社に誇りを持っている。経営者なら、おそらく誰もがそうだと思う。もちろん、ウチで開発した商品だったり、サービスだったり、すべてが魅力あるラインナップだと思っている。

２００４年、我が社のラインナップはさらに充実した。ぜひ、みなさんにも知ってほしいし、どんどん活用してもらえるとうれしい。

というわけで、1月19日、オンラインＤＶＤレンタルサービスの「livedoorぽすれん」でトラックバック（別のウェブログへリンクを張った際に、リンク先の相手に対してリンクを張ったことを通知する仕組みのこと）ができるようになっていた。ちょっと古いけど、「バッファロー'66」がオススメ。拉致される女の子が可愛い、というか僕の好み。

2月は話題が目白押し。ここ数日で、いろいろと目新しいサービスが始まる。まずは「livedoorぽすれん」の新サービスが開始！

１枚１００円（税込み）で9泊10日のレンタルが可能。この機会にぜひオンラインDVDレンタルを体験してもらえればと期待。ブログからレビューのトラックバックとかもできるようになっていて、素直に面白い。なかなか魅力的なサービスだと自負。

さらに、「livedoorアミーゴ」もオープン。ソーシャルネットワーキング的な機能はまだ公開してないけれど、たぶん、今月中にはリリースされるはず。もちろん僕も登録。みなさんもどうぞ！

25日には、「livedoorオークション」もオープン。

早速、帰ってサイドバーに僕の出品物をつけてみる。まあ、これは引越しに伴う、ガレージセールみたいなもの。今後は、僕の使わなくなったものとか、もらったものとかを、オークションに日替わりで掛けていくつもり。僕の私物に興味のある人は、ぜひ参加を。

ところで話題は変わり、僕の著書、『１００億稼ぐ仕事術』（ソフトバンクパブリッシング刊）も4刷決定！　もっと売れるといいな。

ちなみに、もうすぐブログにアマゾンのアフィリエイト用のプラグインが追加されるらしいんだけど、ＰＲＯのユーザーはアフィリエイトの報酬までもらえるらしい（つまり、ウチのブログ経由→アマゾンで購入すれば、件数に応じた報酬がもらえるってこと)。

著書は、会社にとって間接的な利益を生むものだけど、直接的な利益まで生むとは予想外。まあなんにせよ、本の紹介のしがいが出てくるな。

「恋人げっちゅ」はかなりアタる!

そして3月。気がつくと「livedoor占い」に「恋人げっちゅ」がオープンしている。いいぞ、いいぞ。

じつは、この企画は私の持込(?)企画で、これのモバイル版をいつも利用させてもらっていたりする。

この占い、四柱推命をベースにしているんだけど、四柱推命ベースの占いで一番有名なのは動物占いだったりする。「恋人げっちゅ」は動物占いよりももっと詳しく分類をしてあるので、的中率が上がっている。

そもそも、四柱推命は生年月日だけで占うので、よりその人の素の性格・嗜好なんかが出るんだけど、素の私は結構、生真面目でよい人なんだなーと結果に満足（生まれてから相当ひねくれた、ともいえるのだが）。ちなみに、１９７２年の10月29日生まれです。

男性の場合、結構社会に出てから性格をねじ曲げるというか、長いものに巻かれちゃうというか、そういうところが多いのだけど、女性はわりと自分に正直に生きている人が多く、女性の的中率は私の知るところ、90％（！）とかなりの高確率。身長とかスタイルとかもばっちり当たっていて、ちょっとびっくりさせられることもあるくらい。

無料サンプル版で気に入っていただけたら、ぜひ有料版を。登録していただけると、なんと月３００円で使い放題。モバイル版がオープンすると、口下手な人でも合コンなどで必ず話題に困らない！　男性には特にオススメ。女性にウケること間違いなし。

18日夜、帰宅して、「livedoor地図」がオープンしていることを確認した。いやあ、やっとオープンです。待ってました。関係者のみんな、ご苦労さま。あとは路線とか翻訳とか辞書とか、お役立ちツール系は実際のところチカラ技なので、気合で乗り切りましょう。

そういえばオークションも、携帯電話などのモバイル環境から高値更新ができるようになっている。日々進化といったところ。

数々のライブドアブランド

少し月日が飛んで、6月。ブログサーチだけど、地味に機能追加がされていた。「似ているページを探す」という機能が付いたのと、「ぽすれん」のＤＶＤの作品紹介ページに、関連するブログのリスティングができるようになった。

たとえばトラックバックだと、能動的にやらないとレビューが載らないけど、ブログ検索の場合は勝手に探してきて載せられるので、より多くの情報を得ることができる。レーティング用のメタデータをブログのエントリに載せられるようにして、評価まで視覚化できるようにすることを検討中。そうするとグルメブログとかもできるようになる。

そういえば「livedoorニュース」に、主要キーワードからのブログと過去記事へのリンク機能がついた。最新ニュースが人々にどうとらえられているか、一目瞭然である。たとえば、この記事。まだまだキーワードの抜き出し精度に難があるが、よりよくしていきたいと思う。

さらに近々、トラックバックの機能がつく予定。

一部ニュース配信元は、最近提携した会社の影響か、トラックバックを許可してくれないらしい。何が都合悪いのか意味がわからん。

ネットシネマもやっと新作をリリースできた。じつはこれまでも他社向けの作品とか地道に作っていたのだけど、やっとライブドアブランドで出せるものを作れたという感じ。

そういや、「livedoorトランジット」がオープンしている。まあ、普通の路線案内なんだけど、ブログと連携させたりとか、いろいろポータルサイトっぽい展開を企画しようかなあ。

25日、「livedoorデパート」がオープン。まだまだ商品点数は少ないが、本などはかなりカバーしたつもり。来月中にはショップ数もかなり増えてくる。なんでもここで買えるようなデパートにしていきたいと思っている。

僕もマンゴーロールケーキを注文。本などのレビューは未来検索と連携しているので、買うときのいい材料になると思う。

7月1日、1GBのメール容量を持つ「livedoorギガメーラー」をオープンできた。システムを抜本から構築し直し、パフォーマンスの高いシステムにできたので、大量のメールも処理できる。またスケジューラや住所録との連携もばっちり。

なんといっても特徴は、単なるウェブメールでなくウェブメーラーであることだ。他のISPや会社のメールだって取り込める。まだベータ版だけど、未来検索のエンジンも導入し、メール検索も充実させる予定。バーチャルホスティングやブログの容量アップの予定もある。

あと「livedoorコンピューター」もリニューアルオープン。こちらもコンテンツをますます充実予定!

5日には「livedoor自動車保険一括見積もりサービス」なるサービスを、オープン。自動車保険って、大抵はディーラーさん任せになっていて、あまり車に乗らない人とかには割高の料金になっている場合が多いと思う。面倒くさがり屋の人には向いていないが、ちょっと手間をかければ、自動車保険って安くなる人が多いと思うはず。

ぜひこのサービスを使って保険料を節約してみては?

〝社長日記〟もリニューアルしたいんだけど

14日から「livedoorブログ」で新しい試みを始めた。サンダーバードという映画のプロモーションと連動して、ブログで使えるデザインを提供し始めたのだ。これからタイアップもののデザインとかいろいろ続々提供していこうと思っている。

そういや、この社長日記のデザインも変えたいな～（一番、優先順位が後にされている）。雑誌に、中学生のころの丸刈りの写真が掲載されて赤面。どっから出てきたんだ。かんべんしてほしい……。

明日からカンボジアに出張だ。早く寝なきゃ……って、そうこうしている間に、新サービスが続々と登場している。「livedoorビューティー」と「livedoor着メロ」の本サービス開始。ぜひ利用してほしい。

さらに言うと「livedoorニュース」の記事に、いつのまにかトラックバックできるようになってるみたい。面白い。

さて、「livedoorムービー」が最近マトモになってきた。ブログのテンプレートと映画ＰＲの連動企画は好評のようなので、どんどん新しいのをやっていきたい。「livedoorスポーツ」のテキスト実況もなかなかいい感じだ。

シナックスショップっていうのがいつの間にかオープンしていた。これからアプリケーションなどの商品を増やしていくつもり。

あと、「livedoorカフェ」海の家がオープン。いろいろ楽しい企画を用意しているので、ぜひ。

もちろん、海の家オープニングレセプションには参加。フェイスｔｏフェイスもいいもんだ。といっても平日の朝なので、人はまばらだった。まあ仕方ないか。ぐるぐるソーセージがうまかったな。

今年の夏は暑いらしいので、盛況になるかな？　そのまま取材をされながら東京に帰る。

気が付くと24日。「livedoorアミーゴ」がマイナーチェンジしてた。自分の写真とかアップロードできるようになってる。ギガメーラーも申し込み再開したみたいなので、まだ使っていない人はぜひ！

そうそう、僕の新刊、やっと出ます。タイトルは『稼ぐが勝ち』（光文社刊）です。半年かかりました。みなさん読んでください！

ブログパワー炸裂！

さらに進んで、これから「livedoorブログ」のコンテンツを元にした書籍が続々発売される予定。ブログは、まさに新時代の雑誌的メディアとなりつつあるのだ。
ブログに関する調査によれば、ブログ作成者が利用しているブログサービスで「livedoorブログ」がトップになったらしい。

ｇｏｏリサーチを使ってのレポートなので、首位に立てたというのはそれなりに認知度が上がっている証拠だろう。もっと使いやすくて軽いサービスにしていきたいと思っている。

８月12日、「livedoorソフトウェア」のコーナーがオープンしている。当社のソフトが中心だが、追々他社製品やダウンロードコーナーなども強化していく予定。これも期待してね。

また話がそれるけど、『１００億稼ぐ仕事術』増刷決定、『稼ぐが勝ち』は３万部も増刷が決定しました。ライブドアファイナンスとギガメーラーがモバイル対応しております。ぜひご利用ください！

そしてネットシネマ関連のプレスリリース。バイク急便プレゼンツの、「天使急便」の提供開始！

9月7日には、「livedoorランキング」がオープンした。これからもっともっとランキング情報を充実させていく予定。美少女格闘技のページもオープンしている。みんな可愛いな。最近「livedoorスポーツ」もコンテンツ充実してきている。ページビューもうなぎのぼり！　いい感じだねえ。

そう、忘れてはならないニュース！　倉木麻衣さんのブログが小冊子に。もうすぐ読者プレゼントする予定！　また、これからオンデマンドで、みなさんのブログを本にできるようなサービスを開始予定。乞うご期待。

10日には新作ソフトを2本発表できた。

ひとつは「デジタルマガジンメーカー」。

昨年来ずっと進めてきた案件だ。ＰＤＦなどと違い、印刷用というよりもウェブブラウザでの閲覧目的のファイルを作成できるので、企業のオンラインカタログや、絵とか写真がたくさん入っているデジタルコンテンツなどを簡単に、ウェブ用に公開することができる。

実際のところ、ＩＲ資料なんかで配布されているＰＤＦファイルなんかは、これで公開したほうが便利だろう。いちいち印刷している人は少ないと思うんだけど。もともと、ＰＤＦは印刷を前提としたファイル形式だから、ウェブブラウザでは閲覧しにくい。

もうすぐ、ライブドアでも「デジタルマガジンメーカー」で作成したコンテンツを公開予定。一度体験してみてほしい。

もうひとつは「Panda Titanium アンチウイルス」だ。スペインのパンダソフトウェア社製の高性能ウイルスチェックソフトである。これで当社はＰＣで使われる主要なソフトウェアのジャンルをほぼ網羅できることになった。

そうそう、忘れてはならない話題。「livedoor コンピューター」がリニューアルした。いろいろと機能強化されていて、「リンドウズ ＣＤ スマイル ＭＯ」もリリースした。こちらはリンドウズ ＣＤにオープンオフィスをバンドルしたもの。どこでもＣＤ１枚でオフィスツールが使える。いいね〜。

16日は「ToHI Power Presentation」発表の日だった。簡単に動画入りのプレゼンテーションも作ることができるソフト。

24日、ついに——X-PRIZEのウェブがオープンした。

もうすぐ、スペースシップワンという、世界初の民間宇宙ロケットが人類初の偉業を達成する。2週間以内に3名の搭乗員を乗せて、宇宙空間に完全民間で達するのだ。

ちなみに、X-PRIZEを見に来ている人たちは、なぜ科学技術立国日本のチームが1チームも出場していないのか不思議に思っているらしい。私も同意。というか、誰もやりださないので、私がやることに決めた。

私には技術がないので、技術を持っている人募集。毎年ばかばかしいほどのカネを国営宇宙開発に突っ込むくらいなら、格安の予算で民間有人宇宙ロケットを飛ばしたほうが、どれだけ人々に夢を与えられることか。なんでやらないのかな、どの会社も。

そんな発言の一つひとつが、いろいろ誤解されてるなあ、と思う。

メディアを通すと、私はなにか、実体とは違って見えるらしい。異文化の異星人ってところなのだろうか?

まあ、成長途上の企業の判断なんて、上っ面以外ではなかなかできないんだろうし。やっぱり社長に会って話を聞くのが投資の基本だと、僕は思うのだけれどね。それから判断してほしいのが、正直なところ。

「ブログリーダー」をオープンしたので、世界中に散らばるRSSファイルを一括取り込みができるようになる。ブラウザベースなのが便利だね。モバイルにも早く対応させたい。

秋のライブドア提供・新番組もスタート！　こちらもネットとＴＶの連動企画。これからますます、こういうコラボ企画が面白くなってくると思う。もっと、コンテンツ充実させたいね。ワクワクする。

10月８日、「氣志團 ARENA GIG TOUR 2004 氣志團現象最終章"THE LAST SONG"」の公式サイトがオープンした。

今回の公式サイトではライブドアのさまざまなコンテンツに氣志團が登場。氣志團初のストリーミング配信なども予定なので、どうぞお楽しみに！　僕も個人的に楽しみだ。

最近「livedoorオークション」もすこしずつ盛り上がってきた。私も何かまた出品するつもり。みんな、チェックしてね。

話題は変わり、ただいま私の講演ＤＶＤが発売中！　見に来れなかった方はぜひ。さらに、竹村健一さんとの対談をまとめた『世界一の金持ちになってみろ！』（太陽企画出版刊）という本も発売開始に。竹村さんとの対談は、純粋に面白かった。ぜひ、読んで。

「livedoorデパート」で「ビンゴ！」

そして11月、「livedoorモバイリー」というモバイルサイト構築サービスが始まった。あと、ターボリナックスのデスクトップPCのビジネスも、比較的調子がいい感じみたい。

おっと、「livedoorリサイクル」がオープンしている。自宅のいらない本とかCD、DVDの出張買取OK！　しかも10点以上の場合は送料無料。非常に便利。

さらに、「ぽすれん2周年ありがとうキャンペーン」を開始。

繰り返しになるけれど、「ぽすれん」は、DVD借り放題で自宅に送られてくるサービス。非常に便利なので、使ったことない人はぜひ！

それはさておき、ついに「livedoorデパート」でアフィリエイトサービスが立ち上がった。当面は「livedoorポイント（買い物に使える）」のみの還元。そのうち現金還元もやると思います。ポイント還元率はかなり良いと思っています。自信ありあり。

ということで、とりあえずハドソンさんから桃太郎電鉄USAをもらったので宣伝、宣伝……っていうか、これから中国版とかヨーロッパ版とか出てくるのだろうか。

「出会いステーション」がリニューアルオープンしたんだけど、最近は結婚式のスピーチで、ネットで出会ったと堂々と言えるくらい、一般的になっているみたい。たしかに周りにもそんな感じで結婚した人いるもんなあ。時代はあっという間に進んでいくのだな。

あと、ウチのソフトウェアの定番商品の「nero」の新版が登場！　いろいろ新機能ついてるみたい。

「livedoor占いコーナー」もかなりコンテンツが増えている。今はクリスマス占い特集やってる。なんか盛りだくさんだなあ。

で、またまた、新刊が出ました。メール処理に特化した『100億稼ぐ超メール術』（東洋経済新報社刊）。

ちょっと話を方向転換して。

「livedoorアフィリエイト」のクリック数がいまだに伸びている。20日は5000クリック以上あった。ブログの可能性を感じる数字である。もっとブログから簡単にアフィリエイトできるような仕組みを今構築中です。

そういや、「livedoorデパート」では年末感謝セールということで、ビンゴゲームをやっている。

こういうので商品もらえると、なんだかうれしいんだよね。私も伊豆に行く途中でセブン-イレブンのキャンペーンでコーヒー3つと、乾電池、アイスクリームをもらった。

そうそう、大阪プロレスのオフィシャルサイトがオープンした。オフィシャルグッズショップもオープンしているので、そちらもぜひ。

このところ、「livedoorブログPRO」の法人向けセールスが好調だ。ただ今キャンペーン中。これからいろんなところにブログは導入されていくに違いないと思う。なんたって更新が簡単だし、各種プラグインを追加すれば、極端に言えばどんなウェブだって作れるのだ。

今まで、ウェブの更新業務は外注していた会社も多いと思うけど、簡単な更新ならブログを導入すればできる。本来のウェブの可能性が開かれたと思う。この進歩は大きな転換期。

「livedoorブログPRO」の場合は、「livedoorブログ」でこれから実現される最新プラグインやら、パフォーマンスチューニングやらの恩恵をすべて受けることができるのが、最大のウリである。

そういや、昨日設置してもらったウェザーバケットが、ウチの気象データを吐き出し始めた。サイドバーに貼ってあるので参考にしてもらいたい。屋上につけられれば降水情報も分かるんだけど、ベランダだと……雨が横なぐりに降らないと観測不可。

月末には「livedoorフォト」と「ブリーフケース」がオープン。

フォトのほうは、もうすぐプリントサービスを始める予定。ブリーフケースも２GBの大容量の有料版も製作中。無料版は50ＭＢまで。ブログとの連携機能ももうすぐつく予定。

「livedoorクレジット」のサイトもオープンしている。こちらはウェブでの一発査定機能などもつく予定。

「livedoorデパート」のビンゴカードも今日から番号発表。かなり買い物をしたので、ビンゴ確実だと思うのだが……。

これからは「社長ブログ」

もう12月——。

またまたいろいろ、新サービスが立ち上がっている。

「livedoorビューティー」でクチコミキャンペーンをやっていたり、アバターのアイテムとか動きとかが大幅に追加されてたり（自分も変えてみた）、「ファイナンス」の株価チャートが新しいのに変わっていたり（自社製チャートになったのでパフォーマンスが良くなったはず）とフル稼働である。

モバイルも検索エンジンが入ったりとか、指名手配も視聴率が良いらしいと聞いている。まあ、ともかく今が頑張り時だから、ひたすら一生懸命にやるしかないよなあ。

言われて気づいたのだが、「livedoorアバター」にはプレゼント機能までついていたのだ。あとlivedoor-Skype対応USBハンドセット「サイバーフォンK」を発売開始した。かっちょいいので、Skype使っている人、オススメ。

またまたオンラインレンタルDVDサービス「ぽすれん」では、スパイダーマン2

のレンタル保証宣言！　をやっている。スパイダーマン2ならいつでも借りられるというキャンペーンである。

何度も言ってる気がするが、この機会に、近所のレンタルビデオ屋さんに行くのではなく、ネットで借りられるぽすれんを体験してみてほしい。

忙しい僕としては、延滞料金が取られないのがうれしい。みんなのなかでもきっと、そう感じる人は多いと思う。

8日のお昼はおせち料理の試食。なんとスペシャル豪華なおせち料理。なんでこんな時期に食べてるかといえば……「響《ひびき》」や「燦《さん》」のほか、多くの店舗を展開している、ダイナックさんが作ったスペシャルおせち料理を、「livedoorデパート」で発売させていただくことになったからである。

値段もちょっと張るんだけど、このおいしさでこの値段は、私は価値があると思う。日持ちもするし。いいと思うな。

いやあ、でもこんな早い時期におせち料理食べたの初めてだな。役得、役得。

アバターも正式公開！　ウォレットでアバターマネーも購入できるようになった。ついでにウォレットで占いの決済もできるようになってる。アバターは掲示板でも表示されるようになりました。

「livedoorビジネスアミーゴ」っていうM&Aのマッチングサイトもオープンしている。これからは投資銀行業務もネット化の時代です！

夏に、ウチでオーディションやってたグループが「Kaori@livedoor PHOENIX」としてデビューした。やーどんな活躍をしてくれるだろうか。楽しみ楽しみ。で、「livedoorスポーツ」がマイナーチェンジした。16日はサッカーの日本対ドイツ戦である。あと、「livedoorフォト」に写真の公開設定機能がついた。特定のＩＤの人だけに公開するといった機能もある。いろいろ活用してほしい。

15日、ターボリナックス搭載のターボＰＣ初回限定モデルを発売開始した。以下は担当者から聞いた、ターボＰＣの特徴。

・きれいなホワイトボディーのスタイリッシュなデザインでホームユースにぴったり
・15インチの光沢液晶を採用しており、画面が大きくて見やすい
・ターボリナックスホームを採用しているので、ＰＣ初心者にも操作がわかりやすい
・リナックス初の年賀状ソフトも同梱しているのでぜひリナックスで年賀ハガキの

作成にチャレンジしていただきたい

あと、「livedoor占い」で「2005年の運勢特集」とか始まってる。しかも私の占いが勝手に……微妙。

17日、当社の「livedoorブログPRO」を利用していただいて「社長ブログ」サービスが始まった。

上場企業の社長では、私が一応パイオニアだと思うんだけど、来年はもっと社長ブログがIR&PRツールとして積極的に利用される年になるであろう。一般の個人がこれだけ活用している時代なんだから。

じつは期待されている？　約4割が「社長ブログを読みたい」なんて記事もあった。じつは密かに充実させている「livedoor自動車」でも、チャリティーオークションをやっているので、こちらもよろしく。

なにげに、「出資コム」というサイトを立ち上げた。ベンチャー企業の資金マッチングサイトといったところだろうか。こういうサイトが昔からあればなあ。欲しいものは自分で作るしかないか。

もうひとつ。映画のサイトもリニューアルオープン。

新作映画のトレーラーの視聴やら、試写会のプレゼントなど盛りだくさん。ネットでのチケット販売も計画中。

あと、「livedoorサーベイ」が始まっている。子会社のＮＳ総研がやっているサービスである。

当社のゴルフ予約サイト事業「ｗｏｏ－ｇｏ」のキックオフイベント「ホリエモン杯」に出席するため、23日朝、茨城方面へ。

会場でちょっと打ち合わせをした後、久しぶりにゴルフの練習。さすがにゴルフ事業の責任者らしく、プロを目指していただけあって教えるのもうまい人たちばっかり。途中から、関西のゴルフ番組「しんごる」のプロデューサー某氏も加わり、かなりうまくなったかも。表彰式には今年の賞金王、片山晋呉プロも来ていただき、大盛り上がり。

そういえば片山プロは私と同い年。来年は世界の頂点に立ってもらいたいものである。そうすれば、ゴルフ界全体が活性化するだろう。アメリカはタイガーウッズのおかげで賞金額がうなぎのぼりなのだそうだ。

「ｗｏｏ－ｇｏ」も今後トーナメント戦イベントなどいろいろ企画して、先行するゴルフサイトをキャッチアップしていきたい。

26日、帰宅途中にインドネシアで地震が起きたことを知る。しかも今年の社員旅行で行った、プーケット島が津波でやられたことも。

来年早々にプーケットにほど近いクラビ島に行こうと思っていたので、かなりびっくりした。

相当、死者が出ているらしく、犠牲者の冥福をお祈りします。

半年、1週間ずれていたら……と思うと恐ろしい。こういった災害は、まったく他人事ではないのだから。

ライブドアでも関連ニュースサイトを集めたサイトをオープンさせた。今後も関連ニュースなどをなるべく早くアップデートしていく予定。

12月31日、大晦日。

昼過ぎに起きると……雪が降っている。寒い寒い。

寒いといえば、「livedoorデパート」「livedoor天気」でもスキー・スノボ情報をやっている。

「livedoorデパート」がリニューアルして、少し使いやすくなっている。もういくつか改善の余地があるのでがんばって改良したい。

そういや、年賀状を出し忘れた人は「livedoorポストカード」でどうぞ。私もここで出したりすることも。ネットカードもよろしく！

第3章　プロ野球参入始末

球界にもの申す

２００４年6月30日、僕にとって、球界にとって、そして野球ファンの皆様にとって、記念すべき日となりました。

振り返ってみると、とても慌しい一日でした。皆様、いろいろご意見ありがとうございます。個別にコメントすることはできませんが、これからの行動に活かしていきたいと思っております。

もし球団買収が成功したら、皆様のご意見を最大限活かしていける球団にできたら、と思っております。

この日はちょっと睡眠不足気味。朝からいくつかの予定をこなし、記者会見の会場へと足を運んだ。正直言って、まさかこんなに大きな騒ぎになるとは思わなかったのだが、我々が考えていることは率直にお話しすることができたと思う。

変だと思うことには、「変だ」としっかり言うことが、これからの経済発展には必要不可欠なことだと改めて感じた。声を挙げることで、確実になにかが変わっていくはずだ。

この日の夜は、インフォバーンの小林社長（通称こばへん）さん主催の会合へと出向く。彼とは初めて会うのだけど、僕は起業する前、彼が編集長をやっていた雑誌「ＷＩＲＥＤ」日本語版を見て、影響されたクチである。影響されたというよりも、焦らされた、というほうがふさわしいか。いろいろ面白いお話で盛り上がったせいか、ちょっと泡盛のシークワーサー割りを呑み過ぎた。

翌７月１日、日曜日。大阪ドームへ行った。いろいろと世間のみなさんをお騒がせしていることを実感。

今回の騒ぎに揉まれているうちに、子供のころを思い出した。僕、野球データブックを愛読していたんだった……。やっぱりずっと、好きだったんだな。

そんなに運動神経良いほうではないので、「将来、野球選手になろう」とかまでは思わなかったけど、当時は経営とかマネージメントのほうには、今考えれば興味があったのかなあという、淡い記憶。当時はガキだったから、そんな職業があることすらもちろん知らなかったけど。

そうそう、知人のベンチャー経営者から激励のメールをもらった。彼の属している業界は僕らとは違い、旧勢力の巣窟みたいなところで、先日もあからさまな嫌がらせを、公の場で！　されたようだ。全くひどい話だよね。

新参者の出鼻をくじくような行為は、絶対にやめてほしいと感じる。僕や彼はそんなことされたくらいでくじけないけど、くじける人はいっぱいいるんだろうなって思う。それが経済の活力をそいでいるんだろうな。

「livedoorデパート」で購入した、リンクシアターっていう、パソコンに保存されている動画をＴＶで見られるマシンが家に届いていた。早速いろいろ再生してみる。いやあすごいね。大画面でみると。

こういうのが普通のＤＶＤプレーヤーとかにも付くと、ブロードバンドの動画配信も格段に進化しそうだな。

そうだ、僕が書評を書いた、ビジネスパートナーであり、友人でもある、白井さんの本がついに発売された。

『企業進化ダイナミズム』（白井一成著／六法出版社刊）。彼の生き様？　が描かれていて、非常に興味深い本。ぜひみんなにも読んでほしい。

7月4日はアツい一日だった。

朝からテレビ朝日へ。サンデープロジェクトに出演するためだ。途中けやき坂を下っていったら、株主らしいご婦人に声をかけられる。ありがとう、頑張りますよ！　サンデープロジェクトって、うじきつよしが司会やってたんだ〜。ぜんぜん知らなかった。最初、彼に声かけられて、それが誰か分からなかったよ……。うじきつよしといえばカルトQだよね、あのクイズ番組。そういや知り合いが2回も優勝していてビックリしたっけ。懐かしいなあ。

そのままダッシュで羽田空港へ。近鉄の試合を観戦するためだ。いよいよ野球漬けになってきた！

空港に着いたら時間がなかったので、タクシー乗り場までダッシュ！　全然息が切れなかったのは、おそらく日ごろのトレーニングの成果だろう。やっぱりすごいぞ、トータルワークアウト。

球場に着いたら、早速ビールを注文。外せないアイテムでしょう。うまいんだ、これが。

外野席に移動したら、思いがけず熱いファンの応援を受ける。感激だ！　僕もみんなの大ファンになってしまった。肝心の試合も8回裏に逆転して劇的な勝利！　すばらしいぞ、近鉄。

この試合の帰りには、ファンから応援メッセージまでいただいた。このファンの方々のためにも、僕にできる限りのことをしていきたいと思う。

具体的なプランがない、という指摘をどうやら近鉄さんよりされているらしく、現在具体的プランを列挙したものを作っている。まあ、我々が買収できなくとも今後の球団運営の参考にしていただきたいと思う。我々のアイディアだけでなく、皆様から寄せられた意見も一緒に列挙する予定。

帰りはなんとか、キャンセル待ちですぐに飛行機に乗れ、帰京。ふらふらになりながら帰宅した。

そういえば、ウチのCMが今日から配信されている。ライブドアファイナンスでも新コンテンツが続々オープンしていて、特にポートフォリオが大幅改善されていて使いやすい！　これで僕は「Y!」を使う必要がなくなった。

アグリゲーションもとっても便利。複数の金融機関の、自分の口座状況が一発でわかるし、ログインも簡単になる。いいぞ、いいぞ。

なんか一部マスコミが、僕のブログを見て、ウチの買収撤退を連想させる記載があるって、報道をしているらしいです。これは、全くの誤解です。僕は１％だって撤退は考えていませんよ。きちんと文意を伝えてよ、マスコミなんだから。もしくは話題作りしすぎです。

ただし万が一、近鉄さんとオリックスさんがあくまでファンや選手、経済界の声を無視して当社の買収提案をずっと蹴り続けるのであれば、僕のできることは野球界の発展を目指して、提言を行うことであると考えています。昨日のブログはそういう趣旨であります。

もちろん、提言だけで終わらないように、一生懸命、各界を通じて呼びかけを現在、行なっていますし、交渉のテーブルについていただけるようにお願いをしております。

提案資料も作っているところです。今作り始めたという意味ではなく、今まで社内で案としてまとまっていたものを提案書の体裁でリライトしている、という意味です。念のため。

七夕の７月７日、今日の予定をざっくり挙げると、ＴＶ局の取材、ＩＴ関連雑誌の取材、ＴＶ局の取材が２本、また雑誌の取材、ＴＶ局が２本連続、その後、某証券会社と会談、面接、定例ミーティングと続く。こんなタイトなスケジュールの合間によくメール処理できてるな、我ながら……という感じ。でも何とかなってる。人間ってすごい。

この日の夜は、今夏オープン予定の「livedoorスポーツカフェ」を手伝ってもらっているOさんの自宅にお招きされて、友人知人数人と七夕の宴。久しぶりに短冊書いたよ、何年ぶりだろう。

今日は「livedoorギガメーラー」が一般公開された。まだベータ版なので、機能が少ないけど、正式公開時にはもっとよいものになっている予定。ますます頑張りますよ〜。

少し話題はずれるが、今日は見たくもないTVを見てしまってちょっと気分悪くなる。なんかねぇ、あそこまで露骨に仲間はずれしていると子供のいじめみたいだよねぇ。「知らないやつは入れてあげない」なんてさ。大人が言うことじゃないでしょ？見た人はわかると思うけど、詳しくは書かない。一部の特定の人は、老化が進むと幼児化が進むんだろうか。

と言っているうちに、前に書いた提案資料もまとまり、いよいよ記者発表できる段階になりました。その詳細は以下。

ライブドア球団経営方針を発表

7月12日、大阪近鉄バッファローズ買収に名乗りを上げている株式会社ライブドアが都内で記者会見を行い、10日付で近鉄球団の親会社である近畿日本鉄道株式会社宛てに、ライブドアが提案する近鉄球団の経営方針を説明する「大阪発・新しい球団経営に関する提案書」を送付した旨を正式に発表するとともに、集まった記者団に対してその内容について説明を行った。

この記者会見に出席したライブドア堀江貴文社長は、「この提案書は（マスコミなどを通じて近鉄側が）弊社の経営方針がわからないとあったので提案書としてお送りすることにしました。また同様に弊社が球団経営に足る企業であることに疑問視する声もあったので併せてお答えすることにしました」と提案書制作と近鉄本社に送付した目的について説明した。

また、引き続き記者団の今後の経営方針についての質問に答え、「僕たちから見ると一般的に言われている40億円もの赤字があること自体が不思議議です。今までの経営方法を見直し、同じスポーツでも既に進んだ経営をしているJリーグなどのやり方も参考に、既存のプロ野球とは違った方法を提案しながらファンの皆さんと経営を進めて、一日も早く黒字の自立した企業にしたいと考えています」と話した。

また、この合併問題にストも辞さない構えの選手会について、「アウトサイダーの我々とは違って色々大変なこともあると思いますが、ここが彼らにとっても正念場でしょう。一部の人が勝手に物事を決めてしまう、今のプロ野球のやり方を打破するという同じ目標に向かってがんばっていきましょう」と語った。

この記者会見で発表された提案書の内容の骨子は次の通り。

1　一般のファンが取得できる球団株式を発行して一体感のある市民球団運営を行うともに、所属選手にストックオプションを発行し球団経営と選手の収入を連動させ、選手のチームへの愛着心を呼び起こす。

2　ＩＴを用いて顧客データベースを確立し、一人ひとりのニーズにあったマーケティングや告知活動を行う。

3　過去の因襲に捕らわれず、海外国内を問わずスポーツチーム経営の成功事例を積極的に取り入れる。

「ライブドアスポーツ」２００４・７・12

8月19日、また朝から記者会見。

風邪が、半分だけど治っててよかった。その後新聞の取材。テレビの取材、またまた新聞の取材、雑誌の鼎談、テレビの取材……と、取材漬けの一日だった。

引き続き、「ライブドアニュース」より。

ライブドア、新球団設立を正式表明

プロ野球の今後の制度を巡り議論が高まっているなか、先に「大阪近鉄バファローズ」買収に名乗りを上げているライブドアは19日、12球団代表者会議や実行委員会側の議論がオリックス・大阪近鉄の合併に傾いていることから、新球団を設立し、9月中にも日本プロ野球組織に対して新たに参加申請を行う計画を正式に発表した。

同日発表した新構想計画骨子によると、新球団は大阪府を保護地域とし、大阪ドームを専用球場に「バファローズ」のチーム名の存続を希望。いずれの条件も満たない場合は、他の自治体への協力を呼び掛ける。また合併球団のプロテクトを外れた選手やフリーエージェント（FA）選手など選手の確保を図る考え。球団運営については、先の大阪近鉄バファローズ買収提案と同じ内容で、球団株式発行やIT活用による顧客へのダイレクトな訴求などが示された。

オリックスと近鉄の両球団は今月10日に、球団合併に関する基本合意書に調印しており、今月30日の実行委員会を経て、来月8日に予定されているオーナー会議までに正式契約し、承認を得る方針が伝えられている。また先日16日に行われた12球団代表者会議でも、パ・リーグ側から1リーグ制移行の議論が継続していた。

一方、ライブドアでは、早期にオリックス・大阪近鉄の合併が見直された場合には、従来通り近鉄買収を継続する方針という。


「ライブドアニュース」2004・8・19

ライブドア　新球団申請を発表

新球団設立を表明している株式会社ライブドアは、9月16日都内で会見を開き、9月14日に新球団の受け皿となる新会社「株式会社ライブドアベースボール」を同社の100%出資で設立し、16日「日本プロフェッショナル野球組織」に参加申請を行ったことを発表した。

この会見に臨んだライブドア堀江貴文社長は、自らが新会社「ライブドアベースボール」の社長を兼任することを発表するとともに、フランチャイズを宮城県に置くなど今後の球団運営について、次のようなと基本方針を公表した。

1　球団の名称
保護地域（フランチャイズする地域）との親和性を考慮しつつ、本年中に決定する。

2　保護地域
宮城県を保護地域とし、すでに宮城県及び仙台市の承認を得ている。

3　専用球場
宮城球場（仙台市宮城野区宮城野）を専用球場とし、老朽化の進む同球場の大規模な改装さらには新球場の建設を、宮城県、仙台市と前向きに協議している。

4　2軍施設、室内練習場
今年度中に新規参入が認められることを前提に、仙台市内の施設の取得もしくは賃貸について交渉中。

また注目の監督、コーチについては、現在選定中で10月中に決定の予定であること、また選手については、この日を持って正式に新球団として名乗りをあげたことにより、今後獲得の作業を進めていく旨を発表した。
また堀江社長は、浅野史郎宮城県知事との会談を9月上旬に都内で行い、その席で新チームの宮城県フランチャイズとしての基本的な承認を得たことを明らかにした上で、同県をフランチャイズに選んだ理由として
「対応、決断が早く、1度の会談で話がまとまったことが最大の理由だが、その前提として、これまで歴史的に東北地区にプロ野球球団が無いにも関わらず、高校野球などを見ると十分に野球文化が熟成していて、球団経営の視点から成功の可能性を強く感じたため」と語った。
プロ野球機構は今月中を新球団の申請の期限としており、ライブドア以外に楽天が新球団設立を明らかにしているほか、社会人野球シダックスも可能性を示唆している。

「ライブドア」2004・9・16

史上初のストライキへ

9月17日、今夜はプロ野球の労使交渉の問題によって、結局、残念ながらスト決行ということになり、僕も会見することに。

僕に言わせると、選手会側は至極真っ当な主張をしているだけなのに……。

「来期新規参入を最大限努力する」という一文を、経営者側が入れないためだけでストになってしまうのは、どうしてもやるせない気分になってしまう。

来期の新規参入を事実上認めることで、損をする人はどこにいるのだろうか。普通に考えれば分かることなのに。

今日の「ライブドアニュース」でも主張。

プロ野球スト決行を決定！

17日、日本プロ野球史上初となるストライキをめぐって行われていた労使交渉は

決裂。プロ野球選手会は18日、19日に予定されていたすべての試合でストライキを行うことを決定した。

また、16日に新球団申請をしたばかりの株式会社ライブドア・堀江貴文社長は、記者団の質問に答えてストライキ決行について次のように語った。

「すごく残念です。非常に残念です。どうなるかは僕自身が当事者ではないのでわからなかったのですが、希望としては両者が歩み寄ってストを行わず、来年新球団として受け入れて頂けるような状況が良かったのです。このように結果になってしまったのは良くなかったと思います」


「ライブドアニュース」2004・9・17

仙台でアツくなる

9月24日の夕方頃、出張先から成田に到着。搭乗口を出たところでいきなりカメラに囲まれ、びっくり。ＴＶ局の車に乗り、社内でインタビュー。そのまま東京駅へダイレクトに向かう。

向かう先は、もちろん仙台。

着いたらすぐに県庁へ出向き、久しぶりに浅野知事と会合した。再度、お互いの意向を確認しあった。手ごたえのある、いいお話ができたと思う。この経緯を記者会見で発表。

ホテルに戻ってまもなく、ＴＶ局の人に教えてもらった牛タンの美味い店へ。分厚い牛タンだけでなく、名物のウニの天ぷらも旨い！　その後、美味しいワインバーへ行き二次会。そんな食べ歩きの途中にも、仙台のアツい人たちの気持ちをいただき、期待と頼もしさに僕もアツくなる。

仙台のみなさん！　これからもライブドアの応援よろしく！

昨夜のアツい気持ちを抱えて、翌朝は宮城県議会で話し合い、さらに仙台市役所で副市長と面談、続いて市議会のスポーツ議連の方々からもいろいろご意見をいただく。

いよいよ宮城球場へ到着した。ちょうど社会人野球の試合をやっていた。いろいろ改善すべきところは多数あると思う。でも天然芝はきれいだし、なにより駅から近いところが良い。

午後はTV局に行き、インタビューを受ける。楽天の三木谷氏が来るとのことで、ご挨拶。なんかこう、もっと建設的な方向に進めばいいのになあ。

そして、ベガルタ仙台を訪問、ご挨拶。何か連携ができればなあ。その後、民放各社に出演。夕方には某社と会談、新聞の取材……。今日はここまででアポイントが14件もあった。

新幹線で東京に帰ると、深夜もうひとつTV出演。トータル15件か。さすがにへとへとになって帰宅した。が、疲れているときではない！　なんとしてでも東北仙台に球団を持っていかねば！

30日は朝一の飛行機で秋田空港へ。移動中、やってもやってもメールの処理が終わらない……機内でもずっと。

県庁で県知事にご挨拶。お土産にあきたこまちのオニギリをいただく。さすが本場、うまい。その後、こまちスタジアムへ。2万5000人収容できるらしい。今年ナイターを2戦やったらしいんだけど、どっちも満員だったそうだ。できたばっかりの立派なスタジアムだった。

10月1日も朝から東北経済連合会、仙台商工会議所、七十七銀行、東北電力などなど仙台の財界めぐり。みなさん一様に、仙台に球団を作ることについて歓迎していただく。本当にありがたいことである。ますます、頑張らねば。

東北三昧

10月6日午後から、いよいよNPB主催の新規参入審査会公開ヒアリング。ヒアリング終了後は別の会社が審査を受けているので、その間は別室で待機。時間が空くので、書籍出版イベント用のサイン600冊とかやってた。舞台裏の姿って感じ。

その後は帰社する道中、移動しながらTVの取材、帰って生中継3本に出演。その後も新聞の取材、ついでに面接2本もやって定例会議1本もやった。この日の夜は赤坂で会食、その後西麻布「B·irth」に移動。流行っているらしい。

さらに翌日も、出社してすぐ新聞の取材、TVの取材、また新聞の取材と立て続けにこなしていく。朝ご飯食べる時間なしで、すぐさま東京駅へ移動。移動中の車内でもまたまた取材。新幹線でやっとひとりになって、食事。

今日の目的地は山形。ここではまず知事と面談。山形県はスポーツ振興にアツい県であった。うれしいな。その後、県営スタジアムを見学。手入れも行き届いていてなかなかすばらしい設備だった。新幹線で帰京。

ちょっと野球の話題を離れて、本業ネタへ。

TV朝日系列で新番組「指名手配」が始まった。毎週水曜日の深夜にオンエア。モバイル・ウェブとTVを融合させた試みで、これからジョイント企画を突き詰めていく予定。どうぞお楽しみに。ちなみに出演者の私物オークションなんかもやってますから、ファンは必見。

続いて12日は朝6時起きで東京駅へ。この数ヵ月で、東京駅を何度経由したんだろう……。

今日は新幹線で福島へ向かい、県庁に県知事を訪問。福島には大きなスタジアムが3つあるらしい。しかも収容能力が割と大きめ。ただ時間がなくて、実地訪問できず、残念。ホテルでTVの取材を受けたあと、今度は盛岡へ移動、岩手県知事を訪問、いい感触だった。盛岡では県営球場も訪問して、取材も受けた。

さらに、またその足で青森へ。八戸までは新幹線が通っているが、その後は普通の特急列車。青森県知事を訪問。りんごの繊維で作った名刺をもらう。また慌しく青森駅に帰り、そのまま列車で仙台へ。目的は仙台ではなくて、タクシーに乗り換えて山形へ入る。

山形では東北5県のケーブルテレビ（CATV）局13社で作る「TCネットワーク」さんと提携の会見を行った。短い時間で決断していただいた、ケーブルテレビ山形の吉村代表取締役はじめ、皆様の英断に感謝！　その後、みんなで近くの料理屋さんへ。名物の芋煮をはじめ、地元の美味しい料理に舌鼓。地酒も美味。

東北を満喫して、深夜、仙台へ帰る。

10月14日はNPB第2回公開ヒアリング。いろいろ野球以外の質問が出たけど、どういう審査をされるのだろうか、結果がどのように出されるのか……。その後会見。そしてまた記者会見。オマリーさんや日野さんを紹介される。オマリーさん、じつにナイスガイだ。その後、あれこれと予定をこなして深夜帰宅。今日は疲れたのと、時間がなくて珍しく夕食も食べずに寝る。

ちょっと雑談。17日は久々のトータルワークアウトへ。このところ忙しく、ついついアタマにばっかり筋肉つけて、体の筋肉が後回しになっていた。今日はAパターンだったのだけど、ベンチプレスも快調。だんだん上半身に筋肉ついてきた。

ソフトバンクがダイエー買収に名乗りを上げたそうだ。

思ったとおりの展開、というかそうなればよいのに、と思っていた展開になってきた。まあ、ともかくも歓迎すべき展開。

筋肉を鍛えた翌日18日、いくつか予定を済ませて、またまた仙台へ。

仙台では、市民の皆様の前で決意表明。改めて皆様の期待の多さを感じる。お互いにとって、とても有意義な会だったと思う。ホテルに一度帰り、市内に焼肉を食べに行く。

ところで、この日はＪｅｄｉｔ Ｘの発売日でもあった。僕のＨＴＭＬ編集の原点ともいえるソフトである。Ｍａｃユーザには特にオススメ。ぜひ！

ついでに仕事ネタをいくつか。ライブドアポータルの企画会議は、いつも時間かかりまくる。どんどん、コンテンツが増えているから仕方ないが。「livedoorグルメ」もデザインリニューアル&livedoor ＩＤが使えるようになってたりして、あっと言う間に進歩。チャットがもうすぐオープンしそうだとか、アバターがもうすぐ出そうだとか——いろいろ新規企画が目白押し。ゲーム数もかなり増えるらしい。

そして、また野球の話。

ライブドアベースボールの新球団名発表の記者会見。新球団名は「仙台ライブドアフェニックス」に決まる。チームカラーは赤だ。
以下は「ライブドアスポーツ」より。

（記者会見）
ライブドアフェニックスに「困難に立ち向かうような印象」と堀江社長

新球団設立を目指すライブドアは26日午後、都内同社会議室で堀江貴文代表取締役社長兼最高経営責任者が記者会見を開き、インターネット上で6万人の投票結果から選ばれた10候補による決戦投票の結果、新球団名が「仙台ライブドアフェニックス」に決まったことを発表した。

一般投票は26日正午で締め切り、応募総数18、268票の中から3、390票を獲得した「フェニックス」が1位となった。

先に楽天が発表した「東北楽天ゴールデンイーグルス」と酷似すると言われる「イーグルズ」は2、794票を獲得して2位。22日に申請済みの同チーム名の登録商標権については、「今回フェニックスに決まったので、問題にはならない」と話し、基本的に問題視しない意向を示唆した。

またフェニックス（不死鳥）という名称の印象について、同社長は「永遠に続く、死なないというイメージで、これから困難もあるでしょうけど、それに立ち向かうような良い印象です」と語った。

また、併せてチームカラーを「赤」に決定したことも発表している。

同記者会見で堀江社長は「結果的に良い愛称になったと思っている。（投票によって）皆さんの思いが込められた球団名になって良かったです」と語った。

新規参入が認められるかどうかは11月2日に開催されるオーナー会議で決定される予定。

「ライブドアスポーツ」2004・10・26

幻の〝仙台ライブドアフェニックス〟

運命の2004年11月2日——。

朝から会議、取材などをこなし、新幹線で仙台へ。ホテルにチェックインし、TV局の取材が数本。

――その後、電話連絡で、仙台ライブドアフェニックスが幻に終わったことを知った。

すぐに記者会見。じつは落選したときのことをあまり考えてなかったので、その場で急ごしらえのコメントを述べた。応援していただいた方々、たくさんのコメントありがとうございます。

ともかく東北に、せっかく新しい球団が誕生したのだから、どうぞ応援してあげてください。

続いて宮城球場でTV出演や取材などなど。夕方、県庁を訪問して知事にご挨拶をする。そしてTV局に生出演など。

振り返ってみると、あっという間のような気もする。

この一日の詳細をスタッフがルポしてくれていた。

2004・11・2を追う

AM11：33

試合開始。

ライブドア堀江社長、仙台に向かって出発（本社・六本木）。東京駅から新幹線で仙台駅まで移動予定。

AM12時頃

東京駅から東北新幹線に乗車。途中記者に囲まれ質問に。「勝算は？」「全く分かりません」

PM2：01

先制GOOOOOOOOOOAL！！！！　仙台駅に到着。14時から始まっているセレモニー会場へ急いで向かう。

PM2：45

前半終了。前半は、報道陣の方から質問攻め。また、仙台サポーターのみなさんから写メール攻撃も。両チーム、ハーフタイムへ。
PM3:42
記者会見場・入り口の画像が届く。まもなく後半戦開始！
PM4:29
各社報道陣が、ぞくぞくと会見場に入りはじめる。会見場の前では、打ち合わせをする記者、携帯電話で連絡を取り合うテレビクルーでごった返している。発表を今か今かと待ち構える。仙台ライブドアフェニックスのチームは、社長の部屋に全員集合。
PM4:37
NPB（日本プロフェッショナル野球機構）から、報告が遅れており、4時30分からの会見が始まらない。報告あり次第、始める模様。
一方部屋では、仙台ライブドアフェニックスのチームは、ホテルの部屋で和やかムードで談笑中。
PM4:50
相手チームGOOOOOOOOOAL!!!!
社内（本社・六本木）でテレビの前にいた社員が、NHKの番組を見て、結果発表を呟く。ＧＯＯＯＯＯＯＯＯＯＡＬ！！！！　「楽天……」。
ＰＭ４：52
社長は相変わらずメール、しょうがないね。……と。
仙台、記者会見場。連絡があったよう。報道陣ざわめく。
ＰＭ５：02
会見場にスタンバイしているスタッフによると、まだ、堀江社長は会場に現われていない。
ＰＭ５：10
仙台の記者会見場。堀江社長の会見が始まった。「仙台新球団おめでとうございます……」仙台に誕生した50年ぶりの新球団への、お祝いの言葉が発せられた。
ＰＭ５：13
小島ＧＭのコメント。オマリーからあずかった言葉。「残念だったけど未来のドアを開けたのはライブドアだったよ」
ＰＭ５：24
仙台：堀江社長の会見レポート【続報】
仙台新球団おめでとうございます。今後のことは、まだ決まっておりません。仙台にチームができたこと、みなさんが思う流れになったことは良かったと思います。やりたいことはイッパイあったができなかった。僕は新球団に力が発揮できないのは残念だったが、みなさんにとってはイイことだと思います。応援してくださったみなさんの期待に添えなくて申し訳ございません。

PM5：29

小島GMのコメント詳細が届きました。

「残念な報告がNPBから電話でありました。アメリカにいるオマリーにも連絡。その時のトムのメッセージを紹介します。『自分は今でも若いつもりだったが、ライブドアのもっと若いスタッフと仕事ができて楽しかった。未来へのドアを開けたのはライブドアだったよ』」

マル・バツのポイントとして、企業としての経営体力があげられていたようだった。この経験はライブドアの宝として次に生かしていきたい。

PM5：38

仙台：堀江社長の会見レポート【続報2】

お騒がせしまして申し訳ございませんでした。皆様はこれまでのことをすっきり忘れて、新しい球団を応援していただきたいと思います。これまで応援をいただきまして、本当にありがとうございました。

PM5:30

地元仙台のセレモニー。仙台駅東口商店街祝賀会が開催予定。引き続き、仙台駅東口商店街祝賀会2も開催予定。

PM6:09

仙台市内のホテル:記者会見場にて堀江社長に向けられた質疑応答の内容が一部入ってきました。

――仙台市民に伝えたいことは?

応援してくれたのに落選しちゃって残念ですけど、ほかの会社さんの球団に期待していただく。プロ野球では貢献できそうにないが、少年野球などは支援していきたい。

――今後は?

落ちた先のことは考えていないので、決めていない。

――サッカーとかはどうですか?

サッカーは野球との連携があったんで、今回参入できなかったことで白紙です。

競馬はやっていきたい。

PM7:19

堀江社長、地元のテレビ局に出演。ここでも「マユゲの野崎さん」を発見！

宮城球場グラウンドからテレビ中継が始まる……社長はピンマイクを付け、スタンバイ。

PM7:30

テレビ中継を終え宮城球場を出ると、待ち構えていた仙台市民の面々が、社長に「頑張ってください」とエールを送る。

その場面にいたスタッフのコメントが届けられた。「待っていていただいた市民の方からにありがとうの言葉で見送られると、いやー、嬉しいです」

PM7:46

県庁へ着いた。こちらにも多数の報道陣。知事と会談するために、社長、応接室へ。

PM8:09

「ライブドアがNPBを動かした……それは歴史に残ること」と、浅野史郎宮城県知事。浅野知事と会談。

PM8:24
県庁にて共同記者会見が始まった。

――先ほど知事に会ったとき、最初に言ったことは?

おめでとうございます。

――浅野知事からプロ野球以外のことでもご縁があればという話がありましたが、野球以外でどんなことを考えていますか?

いま頭の中は白紙状態です。

――ライブドア支持が80%、楽天支持が2%というお話でしたが。

応援していただいてありがたい。結果は残念でしたが。

PM9:08
ホテルに戻る。

PM9:40
お疲れさまでした(&応援ありがとうございました)。

締めくくりは夜、泉区にある牛タン屋で残念会。仙台の牛タンはいつもうまいねぇ。

翌日、午前10時30分、ホテルを後にする。フェニックスは不滅です。

再燃！　フェニックス

12月19日フェニックスフェスタ@宮城。

早朝に起きて、新幹線で仙台へ。今日は待望のフェニックスフェスタの日。いい天気でよかった。ちょっと肌寒いけど。会場には寒い中たくさんの人たちが列を作って待っていただいていた。

早速フェスタ開始。現役メジャーリーガーの大家選手や、横浜ベイスターズの斉藤選手のふたりも、非常に丁寧に子供たちを指導してくれた。僕も一緒になってキャッチボールやトレーニング方法を学んだりして、結構汗もかいていい感じ。

終了後、簡単な質疑応答コーナーを経て第一部閉会。第二部担当の日野さんに挨拶して、寄せ書きを書いた後、会場を後にする。

幻（?）のグッズも大好評でよかった。好評だったのでネットでも12月22日から販売します。

その後、宮城県知事を訪問する。いろいろ東北のＩＴ産業やベンチャービジネスに関して、会食しながら議論した。そして帰京。

またね、仙台。

第4章　旅行での発見

2月16日――タイトなツアーの予感

個別ミーティングが連続、お昼に中華を挟んで4本。一度会ったことのある投資家もいて、まあ日本のＩＲロードショウとやることは特に変わらない。英語のスキルも少しずつ上がっている気がする。こういうのは経験が大事だね。普段から地道にＩＲ活動をするのも大事だ。

一瞬だけエジンバラの古城を見学するも、最後のミーティングはグラスゴーに移動してのもので、そのまま空港へ向かう。一路、ロンドンへ。

夜はホテルの近くのインド料理屋でディナー。

イギリスは総じて、飯があまり旨くないとか言われるが、インド料理は結構イケてる。

ホテルに帰って泥のように寝る。このツアーは、かなりタイトなスケジュールになる予感。

2月18日――手痛い洗礼で始まる

朝起きたら、なんとかお腹の具合は良くなっていた。やばかった。

朝食をとって、現地の子会社に行く。社長のＤａｖｉｄらと、ヨーロッパでのビジネス展開についてミーティング。モバイル事業が飛躍的に伸びそうである。期待。お昼は、海辺に立つタワーの上から海を望んでランチ。

スペインの人たちのランチのスタートは2時くらいから、と遅い。ディナーも9時以降だったりする。午後も戻ってミーティング。夕方ごろ慌しく空港へ。

バルセロナから、アリタリア航空で、ミラノへ。

ミラノに着くと、2つあるうちの荷物が1つロストしている……。さすがイタリア。いきなり手痛い洗礼である。

荷物のロストのクレームコーナーでいろいろ話すも、どうも出てきそうにない。まあ、淡い期待を抱きつつ、移動先とか連絡先を伝える。なんかネットでも検索できるらしいが……さてどうなることやら。

ミラノのホテルは、非常に歴史を感じさせる建物。しかもお洒落である。こういうところもさすがイタリア。夜はホテルのレストランでディナー。本場のピザやパスタを味わう。オリーブや生ハムも美味しい。

2月19日――ネットがつながらない！

ミラノでのミーティングは3本。ミラノの証券会社で、担当の女性は非常に美しい人だった。しかもお洒落である。

というか、イタリアの人はみんなお洒落に見える。街もお洒落。

しかし、イタリアはインターネットにつながる場所が少ない。ネットカフェも閉まってるし。

なんとかアメリカ系のホテルでつながるところを見つけて、ネットにつなごうとしたが、ＷｉＦｉの調子が悪くつながらない。仕方ないのでホテルの事務所のＰＣにつながっていたラインを貸してもらう。お昼のレストランも本場のイタリアン。あまり時間がなかったので慌しく食べる。

例によって最後のミーティングが終わると、ミラノの大聖堂ドュオモを一瞬見て、空港へ。

空港ではネットにかろうじてつながった。つながっている間にメール処理したりとか。

その後、エールフランスでパリへ。

パリに着いて、凱旋門近くのレストランでディナー。今日は贅沢してシャンパンのクリスタルと、キャビアを注文。日本で食べる＆飲むより全然安い！　フランス産の生牡蠣も美味い。いくらでも食べられる。

ホテルに戻るも、ホテルのネット接続は故障していて使えず……。

2月20日――戦争からは何もうまれない

早朝に起こされ、バリュークリックジャパン関連の最終の書類にサイン。

我が社初の、公開企業の友好的TOB案件となった。出張中に最終の詰めを行っていたので深夜に連絡を取り合ったりと大変だったが、IRツアーと掛け持ちで頑張ってくれた、国際事業部マネージャーの大久保君の働きによるところが大きいだろう。おつかれさん。日本で頑張ってくれたスタッフのみんなもおつかれさま。できうる限り、最短でのクロージングであった。

バリュークリックジャパン社の持つアドネットワークを利用できれば、ライブドアのエクスポージャーはかなり上がるし、オンラインDVDレンタルも国内圧倒的ナンバー1となる。彼らの持っている現金も、より有意義な事業に投資できるであろうと期待。さらに、間接コストなども被る部分が多いので、かなりシナジーが見込める案件である。

パリでのミーティングは3本。

午前中の2本は、かなり歴史と伝統のあるビルの中で。1階にブティックが入ってるようなお洒落なビルである。かなり日本の中小型株に投資しているらしく、めちゃめちゃ詳しい。なかなか有意義なミーティングとなった。

3本目は、フレンチのお弁当を食べながらのランチミーティング。終了後、またまた慌しく空港へ。空港ではorangeのWiFiサービスに辛うじてつなげる。ヨーロッパのネット環境は、総じてまだまだpoorである。その後、ロンドンへ移動、そのままNYへ向かう飛行機に乗る。

NYに着いてホテルに直行。疲れてたのでマッサージサービスを頼む。めちゃくちゃ、うまーい! コリがかなりほぐれた。腹も減っていたので、ルームサービス頼んで、メールの処理など。仕事が溜まっている。

翌日は久々のOFF! 午前中はぐっすり寝て、午後から活動開始!

ホテル近くの中華でご飯して、グラウンドゼロ(旧世界貿易センタービル)へ。すでに地下鉄も動き出し、基礎工事も進んでいて、2年前にここが悲劇の現場となったという現実味はもうない。そういえばあの時(2001・9・11)も中華食べてたな。レストランから出てきてiモードを見たら、とんでもないことになっていて、心底びっくりしたのを覚えてる。

このIT情報化の時代に、国とか民族間の戦争状態って、もう時代遅れな気がする。

ＮＹの街を回っていても、タクシーの運転手に中近東出身の人は多いし、街にも結構それらしき人はいる。

実際、若者の多くはアメリカは憧れの国・夢を実現する国なのだろう。バリュークリックのＴＯＢの件でも思ったけど、アメリカ人は当たり前の合理的な判断ができる（日本人のトップはできない人がほとんど）。

と、話がずれたが、テロにしたって、一部のインテリ思想家が自分のイデオロギーを民衆に押し付けるために扇動しているだけではないか？　アメリカ的なもの、もちろん時には癪に障ることもあるけれど、それはそれで、個人の間のギャップを埋めるためのルールだと思えば、特に問題はない。

ひとつだけ言えることは、我々現代のビジネスマン（商売人）の多くは、戦争やテロなんて望んでいないということ。これまでは戦争が起こったときの情報格差で、ぼろ儲けする商人がいたかもしれないが、この情報化社会では情報の格差は確実に小さくなっているから、そんな大儲けは無理である。

昔から、商人は国と国、民族と民族の違いなんて問題にせずに世界中を飛び回っていた。こんな感覚が当たり前になって、民族の違いとか、宗教の違いを乗り越えていけるような世界が早く来ることを望む。

国や民族なんて、そのうち、故郷がどこだとか、その程度の感覚のものになっているると思う。少なくとも僕はそうだ。

商売人は世界を相手にできる。地球人として生きていける。これがまさに僕が商売人を職業として選んだ理由である。

夕方から、ブロードウェイでミュージカル「アイーダ」を見る。すげー、ビジュアルがキレイ過ぎる。役者の演技もさすが、本場。日本で見るミュージカルとレベルが違いすぎ。

そのあと、ダウンタウンのほうにある、クラブへ。うーん、土曜日だけあって盛り上がりまくり。なかなかカッコよくていい雰囲気。深夜、近くのカフェで軽くご飯してホテルに帰る。

2月24日――NYで『100億稼ぐ仕事術』発見！

今日が一番長かった……欧米IRツアーの最終日……。

だけど、今日はアポが5件もある！　しかもお昼は、ランチミーティングときた。

昼過ぎにソーホーにあるアップルストアに立ち寄る。やー、おしゃれだね。

ＩＲのミーティングが終わって、ＮＹの旭屋書店に立ち寄る。東京とそんなに品揃えが変わらない。すごい！

ふと、『100億稼ぐ仕事術』を探してみる。あったー！　同行していた投資銀行の方が買ってくれた。さらにうれしいー！

IR終了後、もう1件ミーティング。こちらも前向きな案件。夜はフォーシーズンズのレストランで取引先の方とディナー。うまくいくと良いな。

4月3日――本日はスキーヤーなり

朝7時に起きて、越後湯沢にスキーをしに行く。スキー場は「GALA湯沢」。新幹線の駅から近いね。

4月になってからの春スキーは初体験なのだが、本格的に雪が降っているわりには、そんなに寒くもなく快適。スキーってブーツが痛いのが難点なんだよね〜。最近はファンスキー（ショートスキー）で滑るのが楽しい。ターンが楽。でも安定性が悪いので直滑降には向かない。

夕方までたっぷり滑り、ホテルにチェックイン。温泉につかりマッサージ&食事&カラオケ、でまた温泉。

充実したつかのまの休日。あ〜久々だ！

そういえば、ＧＡＬＡという会社があるが、命名の由来は、菊川社長がＧＡＬＡ湯沢関係者だったという噂があるのだけど、本当かなあ？

４月12日――気分は『世界ウルルン滞在記』

ミーティングが終わり、すぐに成田へ向けて出発。今日はモンゴルに出張である。モンゴル航空のエアバス機に乗り、ソウルでトランジットして、ウランバートルに深夜到着。ホテルにチェックインして寝る。

そういえば、今日のアントクアリウムの写真を貼り付けておこう。

２日目は朝からホテルで朝食をとりながら、ミーティング。モンゴルの政治経済社会などについてレクチャーを受ける。

その後、某社に移動し、午前中はずーっとミーティング。実りある話ができたと思う。お昼は洋食系のレストランで食事。この店の自家製ビールをいただく。空気が乾燥しているせいか、うまい。いや、昼のビールだからか？

でも、首都ウランバートルは高地にあるため、空気が薄い。必然的に酔いが回るのも早い……というか眠くなった。

午後は、ウランバートルの郊外につれていってもらう。郊外では移動式のテント住宅であるゲルに居住している人が多い。

突然、一軒のゲルを訪問することになる。この国の風習では、突然の来客にも食事や飲み物などを振舞うらしい。田舎のほうだと、泊めてくれたりもするらしい。今回訪問したゲルには、老夫婦がふたりで住んでいた。旦那さんはウランバートルで運転手とか図書館の職員をやっていて、定年後、ゲルに移り住んだらしい。ちょっとしょっぱいミルクティーと手作りのパンをいただいた。まるで世界ウルルン滞在記の気分である。

手土産にモンゴル名産のウォッカ「チンギス」を置いていく。「チンギス」は日本には輸出してないらしいが、ABSOLUTEウォッカなみのうまさである。

その後、ウランバートル市内の会社を訪問し、夕食にでかける。モンゴル料理のレストランだが、経営者は韓国人。韓国人のモンゴル進出は目覚しい。アグレッシブである。日本人はあまり見かけない。日本に来ているモンゴル人も少ない。数百名程度らしい（うち10％が力士）。

そういえば、このレストランで朝青龍の兄・ドルゴルスレン・スミヤザバル氏とすれ違った。余談だが、モンゴル人には苗字というものがないらしい。苗字にあたるところには、お父さんの名前を冠する。

モンゴル名物のボーズという羊肉が中に入った小籠包のようなものを食べながら、ビールとチンギス・ウォッカをあおる。モンゴル人はみんなお酒が強い！

そうこうしているうちに、小宴が始まる。日本人なら誰でも知ってる？『スーホの白い馬』で有名な、馬頭琴を弾きながら、ホーミーを披露してくれる。生ホーミーは初めてである。まさにモンゴル満喫状態。

さらに、カラオケに乱入。モンゴル語のカラオケ歌われてもさっぱり分かりません。ちなみにモンゴル語はキリル文字で書かれていて、さっぱり読めません。でも、日本語の歌や英語の歌もあったので、とりあえずなんとか溶け込む。

中国人もそうだったが、モンゴル人も負けず劣らずカラオケ好きである。深夜ホテルに戻る。

4月16日——タイマッサージで極楽

夕方、成田空港に向けて出発。この週末はタイへ旅行に行くことになっている。飛行機に頻繁に乗っているおかげで、「ＡＮＡスーパーフライヤーズカード」というクラブの会員になっていると、成田のＶカウンターっていう入り口のすぐ横にある便利なカウンターで、すぐにチェックインできた。こりゃあ、便利だ。

一路、バンコクへ。バンコクに着くと、いやあ蒸し暑い。30度を超えているのではないだろうか。バンコクの246号線と、我々によって勝手に命名されているスクンビット通り沿いにある屋台で、バーミーヘンとか、チキンライスとか、もち米とマンゴーのデザートとかを食べつつ、スイカジュースを飲む（0時以降はどうやら、屋台でアルコールをオフィシャルには提供できなくなっているらしい）。

現地法人の社長、ANDY君の家に泊めてもらう。メイド付き、プール付き、運転手付き、ゲストルーム付きの2LDKは贅沢だよなあ。

次の日は朝早く起きて、ゴルフをしに行く。炎天下でのゴルフは汗が滝のように出る。水分を取っても、取っても、汗が出る。スコアはいつものように最悪。なにやってんだろうか、俺。

まあでも、シャワー浴びたあとのビールは最高だったね。バンコク市内に戻って、チャオプラヤ川沿いにあるタイ料理のレストランへ。住宅地の狭間を通っていく結構マニアックな場所なので日本人はあまり見かけない。半分は川にせり出しているので、川からくる風が気持ちよいね。

クロスターというタイに住む日本人が好むらしいビールをグビグビ。バドガールならぬ、クロスターガールが店にいた。

その後、高層ビルの屋上にあるオープンエアのレストランバーへ移動。ここも60階くらいあるはずで、気候が年中温暖なタイならではの趣向なのだな。夜景がきれい。その後、帰ってマッサージをたっぷり2時間。疲れがとれるね。サイコー。昼ごろまでぐっすり就寝。

その後、お昼ごはんを食べに出かける。バンコクで一番といわれているフカヒレ専門店でタイ名物のフカヒレスープを食べる。ほかにもアワビライスなど。めちゃうまだ。

その後、チャットチャックウィークエンドマーケットへ。Tシャツとか購入。かなりお洒落度が増してきているなあ、バンコク。

あわただしく、レーザー39というしみ取りとかしてくれる店に行くも、日曜は定休。残念~日本でやろうと思うと、お金も時間もかかるけど、バンコクだとお手軽。仕方ないので、今度はチャオプラヤ川に向かい、船をチャーターして川下りなど。古いお寺などを見学する。沿岸の子供たちとか手を振ると思いっきりの笑顔を返してくれる。夕焼けのチャオプラヤ川はとてもきれい。

その後、お土産とか購入して、ＭＫというタイスキの専門店へ。ちょっとファミレスっぽい雰囲気の店だ。でも味はうまいよ。

空港へ着き、手続きを済まして定番のタイマッサージ。気持ちよくなりつつ、飛行機へ乗り込む。ぐっすり眠れそうだ。

4月20日――中国に追いつき追い越せ『宇宙旅行』

朝早く起きて成田空港へ。今日もVカウンターでスムーズにチェックイン。一路北京へ。

北京にあるターボリナックスチャイナの合弁先である、Huadi社を訪問。今後の展開などをお話。

ちなみにHuadi社は、日本で言う宇宙航空研究開発機構みたいな公的機関の関連会社らしく、その手のビルに入居している。ターボリナックスの話が一通り終わって、宇宙旅行の話を僕が振ると、相手も目の色が輝きだす。やっぱりそっちが専門なのか。あくまでも個人的な事業で中国政府機関と合弁で宇宙旅行会社ってのもいいな。なんて話を振ってみると、まんざらでもないらしい。

彼ら、すでに有人宇宙飛行を成功させているからね。ビジネスベースでの宇宙旅行に一番近いのは実は中国なのかもしれない。

その後、ターボリナックスチャイナのオフィス訪問。開発は日本が中心で、中国は販売とサポートが主である。サーバ用リナックスの販売が主力でその分野ではトップシェアである。

デスクトップ用は紅旗リナックスなどに出遅れているが、これから、強化していきたいと思っている。昼ごはんを食べる暇もなく、空港へ。今日中に、上海へ移動なのだ。

上海に着いて、すぐにホテル近くのレストラン（結構お洒落な）で食事。店員や客にも可愛い女の子が多い。昔の中国のイメージだともっと田舎っぽい感じだったんだけど、最近は変わったねぇ。

そして、上海交通大学へ。ここの教授がやってる某リナックス関連会社訪問。ビジネスになりそうだ。

しかし、中国の大学の人たちはビジネス（会社経営）にかなり積極的である。この会社も交通大学卒のマスターやドクターが揃っており、レベルも高そう。日本の大学とはえらい違いである（ビジネスへの関心度が）。制度の問題とかもあるんだろうけど。

その後、某ネットワークゲーム開発会社訪問。実際に現地で話を聞くと、ネットゲームのマーケットの広がりを肌で感じることができた。

もうひとつの合弁先（というかターボリナックスチャイナの株主）の某社を訪問。

いろいろディスカッション。中国のリナックス潜在マーケットは大きいということで、積極的に展開していくことで合意する。

夜は彼らと、新天地という上海の旧租界地の風景を再現した、複合商業施設内にあるレストランで食事。新天地は完全に多国籍な人々が雑多に入り混じっており、しかもかなりお洒落なスポットである。日本にそのまま持ってきても十分通用するというか、最高レベルの出来であろう。発展する上海を象徴するスポットだと感じた。

ホテルに帰り、たまったメールの処理とか、もろもろ。もう5時間以上やってるよ……。

4月30日――実感！　自然の大きさと生き物のチカラ

午前中、もろもろの打ち合わせをこなし、午後からはＯＦＦをとらせていただき、羽田空港へ。

鹿児島空港でトランジットして、屋久島へ。今晩は民宿に泊まることに。民宿が経営している料理屋で夕飯。トビウオのつけ揚げ（薩摩揚げ）が美味。首折れ鯖の刺身もねっとりとして珍しい味かも。明日は早いのでさっさと寝よう。

次の日は朝早く起床。今日は縄文杉を見に行く。

なんでも、登り下りで9時間くらいかかるとガイドブックには書いてあった。登山口でお弁当を食べて3時間ほどで縄文杉に到着。ところどころで湧き水が出ているのだが、この水が美味しい。

屋久島自体は花崗岩の隆起によりできた島で、南西諸島などに多い珊瑚礁で形成された島と違い、至るところに硬い岩肌が露出しており、特異な地形である。実際に縄文杉の近くまでは、伐採した木材の輸送用のトロッコ軌道があるので歩きやすいが、その先はかなり歩きにくい。岩と屋久杉の根っこが交互に出てくる感じ。江戸時代から屋久杉の伐採は本格化したらしいが、よくもまあこんなところから杉を伐採して運び出したものである。

江戸時代にすでに目ぼしい屋久杉はすべて伐採済みであり、縄文杉のような、悪く言えば売り物にならない格好の良くない杉だけが取り残されたようである。明治以降も国有林化された伐採は続いて、昭和30~40年代にピークを迎えたらしいが、その後、自然保護の気運が強まって世界遺産に登録されてからは、島の産業は林業から、漁業・農業・観光などを中心に変化しているっぽい。

ある文献には、6000年前の喜界カルデラの大爆発時の土石流で島の生き物は壊滅状態になったらしいが、縄文杉はその大土石流にも生き残って今にあるのだろうか。

生き物のチカラを感じた。

結局7時間くらいで登って下りてきた。途中河原でひなたぼっこ。つかの間の休日という感じ。下山して、温泉の出る公衆浴場へ。夕食を食べて早々と就寝。

2日は屋久島一周ツアー。民宿の人から借りた軽自動車でドライブ。久々のマニュアルシフトでの運転。軽は小回りが利いて結構運転が楽しい。

まずは千尋の滝。屋久島が花崗岩でできた島というのは昨日の日記で述べたとおり。なのでこの島は雄大な滝が多い。まだまだ隆起してからの年月が経っておらず、地形の侵食が進んでいない。だから落差の大きい滝ができるのだ。その後フルーツ果樹園みたいなところで、世界の珍しい果物などを見学。パッションフルーツのジュースなどを飲む。うまい。

土産物などを購入しつつ、今日も公衆浴場チックな温泉に入って疲れを癒す。夜は居酒屋「ふるさと」という店に行ってみる。島の名物料理をたくさんいただく。焼酎もうまいねぇ。ついでにもう一軒バーっぽいところに行ってみる。ここもお洒落でいい雰囲気。

5月3日――見たかった『はいむるぶし（南十字星）』

3日、屋久島空港から発ち、鹿児島空港でトランジットして、さらに那覇空港でトランジットして、石垣島へ。

今日は川平にある、案山子の宿というところに泊まる。動物がたくさん放し飼いにされている。夕飯も宿でいただくが、美味しい。オリオンビールも美味しい。夜は近くのマッサージ屋さんでオイルマッサージ。屋久島のトレッキングで疲れた体を癒す。屋久島は肌寒かったが、さすがは沖縄。かなりいい感じで暑い。

4日、朝早く起きて川平から程近い、米原というところでシュノーケリング。珊瑚礁と熱帯魚が美しい。そういえば、白井さんの本の原稿を読破。かなり面白い。白井さんの波乱万丈の半生が分かってさらに仕事が面白く進められそうな気がした。たっぷり泳いで、石垣島の繁華街へ。

昼は八重山そばとやっぱりオリオンビール。ショッピングなどをして、今日はいよいよ、日本最南端の有人島である、波照間島へ。波照間では、みのる荘という宿に泊まる。近くの西の浜というきれいなビーチでひと泳ぎ。天候があまりよくなく、波が高かったけど、それなりに楽しめる。

夕食では、幻の泡盛といわれる「泡波」をサービスしていただく。調子に乗ってぐいっと飲むと、次から次へと出してもらう。ビールは1杯500円なのに、幻の泡盛（多分1本くらい空けた）はサービスとはこれいかに。残りも部屋に持ってきて飲んだくれる。

波照間島は南海の孤島に近く、星空がきれいらしいが、今日は残念ながら曇り模様。明日の朝は皆既月食だったらしいが、それも観察できず。本土では見れない、はいむるぶし（南十字星）も見れず。残念。

5日の波照間島はあいにくの雨。海に行きたかったのだが、しょうがないので、日本最南端の碑というのを見に行く。歩いていったら、結構時間がかかり、結局3時間くらいの小旅行。そのまま出発時間になり、船で石垣島へ帰る。荒れ模様だったため航海もかなりの揺れ。ジェットコースターよりある意味すごい。冬はかなりの確率で欠航するようだ。

石垣島に到着後は、石垣焼の窯元で、陶器などを体験で作ってみる。雨でないと、こういうところには行かないね。貴重な体験かも。そのまま宿に帰り、飯食って寝る。

6月17日――『超』高層ビルで

午後から成田に向け出発、今日から上海にまた出張なのだ。夕方ごろ上海着。相変わらず活気のある都市である。今日泊まるグランドハイアットは80階以上の高さの超高層ホテルである。地震がないからなのだろうが、80階ってとんでもない高さである。しかもロビーが54階にある。雲の中にいるようだ。

夜は打ち合わせを兼ねて上海料理のお店に行く。小龍包がうまいね。なぜか酒豪が多く、瞬く間に紹興酒が空けられていく。

その後グランドハイアットの88階（！）にある世界一高いといわれるバーに行く。近くのビルがはるか下に見える。……高所恐怖症の人は困るだろうなあ。

6月18日――シンガポールで日本料理!?

朝から某社訪問。午前中はずーっとミーティング。お昼ごはんも会議を兼ねてって感じ。ところで上海はずっと天気が曇りがち。というか空気が汚れている感じがする。北京もそうだけど、気候のせいもあるんだろうけど、カラッと晴れたの見たことない。急激な工業化のせいなのだろうか。大連は比較的田舎なので、空気はきれいな気がする。

その後、空港へ。次来たときは５００キロ超は出るといわれるリニアモーターカーに乗ろう。空港からシンガポールに向けて出発。夜中着いたのだが、疲れていたのでそのまま就寝。

シンガポール初日は、昼ごろ起きてチキンライスを食べに行く。WEE NAM KEEというところ。やはりこっちの飯のほうが味が濃いので自分向きかも。地下鉄でホテルに帰る。こちらの地下鉄もＪＲ東のＳｕｉｃａ（西はＩＣＯＣＡだっけ？）と同じく1＄のＩＣカードを購入させる形態。シンガポールのすごいところは、これだけにしてしまうところだ。ＪＲだと切符が併売されている。この国は成立の経緯自体すごいからなあ。母国語の割合が小さくて、英語を公用語にしちゃってるからなあ。

夕方から、現地の友人たちと食事&呑みに出かける。「NO SIGN BOARD」という海鮮料理と、「神田川」っていう日本料理屋。神田川俊郎の関係の店らしい。

ホテルに帰ってメールチェックとか雑務。シンガポールは至る所にどうやらホットスポットらしきものがあるらしく、今も無線ＬＡＮに接続して作業をしている。

そうそう、ボーダフォンの３Ｇ＋ＧＳＭの新端末に感動。海外からでも「ボーダフォンライブ！」に接続できる。メールも出せるし、普通の携帯用ウェブも見れるのだ！

翌日の僕……腸弱。昨日辛いものを食べすぎたせいか、下痢気味。まあもともと下痢体質だから、しょうがないけど、シンガポールには下痢の思い出しかない。腸弱会のページはひとごととは思えない。昼すぎまで寝てすごす。昼すぎからセントーサ島というところに行ってきた。マーライオンタワーがあるところだ。

夕方、海南鶏飯食堂のメンバーと合流。新たなメニュー作りの一環で研修にきていた彼らのツアーに合流させてもらったのだ。夜は南インド料理をごちそうになる。やっぱり辛い。彼らは深夜にもまた新メニューを開発すべく朝3時くらいまで食べ歩きをしてたそうだが。

さて、帰国の日。引き続き海南鶏飯食堂のメンバーと朝食をともにする。創業者の小柴さんと中西さんは、元々ニューヨークの調理師学校で知り合われたそうだ。ふたりとも異業種からの転職組で、両者とも研究熱心なせいか、異様なまでに東南アジア系の料理に詳しい。

昼はオーチャードロード近辺を散策・買い物など。ラクサというスパイシーな麺とか、チキンライス（海南鶏飯）とかを食べる。夜も海南鶏飯食堂のメンバーと食事。そのまま空港へ行き、深夜発の便で東京へ。

シンガポールの空港は無線ＬＡＮが完備されており、快適なネット接続環境であった。そういえば、以前シンガポールにも駐在員を置いていたのだけど、なかなかシンガポールではうまくいかず、撤退している。事業提携や買収なども試みたがなかなかうまくいかない。

ただ、現状タイや中国などに押されて、シンガポールの貿易拠点としての重要性が薄れてきている感もあり、貿易や観光で立国しているシンガポールは政府や国民が一体になって、巻き返しを図ってくるという気がしている。評価が下がっている今こそが、投資の時期かもしれない。なにせ、母国語でない英語を公用語にしちゃう国だからねぇ。

7月16日――筋肉質な牛じゃあ……

早朝起きて成田空港へ。空港でちょっと取材を受け、ベトナム航空でホーチミン経由カンボジアのシェムリアップへ。ホーチミンの空港で4時間も時間が空いたのでマッサージを受ける。ここの空港内のマッサージ店も雰囲気がよいね。

みなさんカンボジアというと、内戦とか地雷とかを思い浮かべると思うけど、少なくとも都市部の復興は意外なほど進んでいて、初日に滞在したシェムリアップというアンコールワット遺跡近くにある都市は、リゾートホテルが立ち並びいい感じになっている。

到着して、北朝鮮の喜び組が勤務しているという韓国料理レストランへ。確かに……いた！　カラオケをＢＧＭにして独自の踊りを展開している。聞くところによると経営はカンボジア人で北朝鮮が旧共産圏にだけ元喜び組の女性を派遣してくれているという。彼女らはお店からは外出禁止だそうだ。北朝鮮製の焼酎を飲みながら、肉を食う。キムチは美味だが牛肉はまずい。次の日知ったのだが、カンボジアの牛は昔の日本のように使役用に使われておりかなりシェイプアップしていて筋肉質。これはうまいはずはないな。

近くのネットカフェでネット接続。まあまあのスピード。２５６ｋｂｐｓくらい出てる感じ。ホテルに戻ってオイルマッサージを受ける。上手い！　気持ちよくなって就寝。ホテルも高級な感じだし、町も安全みたいで、カンボジアはこれからブレイクするかもね。

翌日、朝6時に起床。飛行機で首都プノンペンへ。

ＶＩＰ待遇らしく、空港も別ゲートから送り出される。まずは、現地の私設小学校（私塾みたいなところ？）を訪問。ご飯とTシャツを差し入れたお礼に、日本語の歌を歌ってくれた。「世界に一つだけの花」と「川の流れのように」。彼らは日本語の勉強もしているらしく、めちゃくちゃ上手い。日本でＣＤを出すようなので、出たらここでも紹介したいと思った。

みんな生活も厳しいのに、一生懸命勉強して、未来を見据えている姿にひどく感動した。小学校から母国語のクメール語に加えて、日本語と英語を勉強しているなんて……すごすぎる。彼らが数年後のカンボジアを担うことになるのだろう。

そして、ホテルへ。今日泊まるホテル・カンボジアーナはプノンペン最高級のホテルらしい。昼ごはんはホテルで。麺がうまかった。小麦の麺と米の麺、両方とも。

午後はできたばっかりの内閣の副首相訪問。よいお話になりそう。そして文部大臣訪問。忙しい中時間を割いていただいた。かなり、しっかりしていて、つい最近まで内戦をやっていた国とは思えない。

夕食はメコン川の向かいにある現地の人に人気のレストランへ。めちゃくちゃ広いホールになっていた。自家用車もたくさん止まっているし、リッチな人が多いのだろうか。高級車が多い感じだった。食事もみんな美味しい。

帰りに政府公認のカジノへ。なかに入ってびっくり。まるでラスベガスみたい。なんだか不思議な感じだな……。ホテルに帰ってメールチェックなど。ホテルのネット環境もまあまあな感じ。

18日、内務大臣に就任したばかりの、シリウット殿下（シアヌーク国王の弟）と会食。王室の人たちはフランス語で会話しているようだ。本格的なフランス料理を食べる。

ホーチミン経由で成田に帰る。ホーチミンでは、また同じところでマッサージ。ここ、すごくうまいなあ。いやあ、今回の旅は疲れた……。


7月31日──『うどんdeSKY』初体験

じつは今回の旅……痛恨の、飛行機乗り遅れをやってしまった。日本を発った前日、夕方から成田空港へ向かうものの、途中で大渋滞にはまってしまったのだ!

飛行機に乗り遅れた……。うーむ、国際線では初の乗り遅れ体験。仕方なく対応策を探る。なんとホノルル経由でアメリカ西海岸に行くことに。

早速チケット手配しようとするが、航空チケットにはいろいろ面倒くさいルールがあるらしく、JALの発券カウンターで延々2時間格闘の後、やっと搭乗できることに。途中で何人かの人に声をかけられるが、かなり疲れた応対をしていたと思う。……申し訳ない。

ともかくなんとか乗り込み、おなかがかなり減っていたので機内食を食べるが、足りずJALの「うどんdeSKY」などを初めて食する。なかなかの味。ドライ納豆も大好きなんだけど。

翌朝、ホノルル着。周りは観光客らしき日本人ばかり。みんなははしゃいでいる。当たり前か。我々は沈んだ顔をしている。単なるトランジットだからだ。

待ち時間があったのでネットにつないでみる。最近のアメリカは空港とかホテルでは大抵、ＷｉＦｉのホットスポットが存在している。うまくつながった。ちょうどブログのメンテナンス中だった。

今回のメンテナンスは８月９日に行われる予定の大規模メンテナンス（停止はほとんどないはず）までのつなぎで、８月１日から予定しているたくさんのスポットＣＭに対応するためのものだ。レスポンス向上に役立つと信じている。みんな、朝までお疲れ様。ギガメーラーもハードディスクを大幅増量したので、メンバーも無制限に受け入れられるようになった。

その後、アメリカン航空でロサンゼルスへ。ファーストクラスと書いてあったが、普通のビジネスクラスより狭いな。足が伸ばせない。機内では爆睡。ロサンゼルスでプロペラ機に乗り換えてサンディエゴへ。深夜着。食事をしながらちょっとしたミーティング。いわゆるアメリカの普通のレストランでの食事は相変わらず味付けが単調すぎてあまり美味しくない。明日は朝から重要な会議だ。早く寝よう。

8月1日——野球に熱くなる！

この日は朝から、サンディエゴ市内のホテルで長時間の会議。いろいろ考えることが多い。でも重要なことは自分が正しいと思ったことを周りの目や意見にとらわれずに実行することだ。結果は後からついてくる。昼食は相変わらずアメリカンな感じ（大味というコト）。

午後はウェイクボードをやりに海へ繰り出す。サンディエゴは日差しは強いが涼しい感じで、最高のマリンスポーツ日和。セグウェイも予約していたのだが、ウェイクボードに夢中になってしまい、時間切れ。セグウェイは、日本では相変わらず道路交通法違反なんだろうな。本当に融通の利かない国である。いろんな意味で。

夕方へとへとになりながら、ペトコ・パーク球場へ、ＬＡドジャース対サンディエゴ・パドレス戦を見に行く。

ペトコ・パーク球場は最近リニューアルをしたばかりらしく、きれいなスタジアム。隣のホテルの宿泊客専用の豪華な観戦室やら、いろいろある。この日も満員御礼の4万人以上のお客さんが観戦していた。めちゃくちゃでかいホットドッグを食べながら観戦。

この日は日本人投手が両チームとも出場していて、パドレスの大塚選手が勝利投手に。石井選手もホームランを出すなど活躍していてうれしい感じ。試合はパドレスが接戦を制し、地元ファンは大喜び。きれいなスタジアムに優勝争いの両チームということもあるだろうが、小さめとはいえ連日スタジアムが満員御礼というのは凄い。観客席とグラウンドの間にフェンスがほとんどなく、しかも、ファールのエリアが狭いこともあり、プレーヤーとの一体感が楽しめるのもいい感じである。いろいろ原因はあるのだろうが、日本でも参考にすべきところがあるような気がする。ちなみに、スクロールする横に長い、大型電飾看板は結構目立っていて、いい感じであった。

ホテルに帰って眠い目をこすって仕事など雑務をこなす。ＷｉＦｉのホットスポットの電波感度がよい地点を見つけて仕事がはかどる。

翌朝はわりと朝ゆっくり起きて空港へ。ちょうどいい感じの気温で涼しくてさわやか。いいなあ、サンディエゴ。その後ロサンゼルスでトランジットして成田へ、夕方着。疲労困憊気味だったので、恵比寿のマッサージ屋さんに直行。

8月3日――『移動はタクシーを使え』

午後から、またまた成田へ。夕方からビジネスジェットの試乗。香港に飛ぶ。時間が固定されないのと、機内が乾燥しないのがいい（空気を外気と入れ替えているらしい。通常の旅客機は機内でフィルターを通して循環させている）。香港にはビジネスジェット専用のターミナルもあり、都心に向かう時間もセーブできる。日本だけはなぜか専用のターミナルがなく、しかも成田は遠いので、時間のセーブ効果は多少薄くなる。とはいえ、深夜帯なら羽田も使えるし、なんといっても時間が自由になるのがいいと思う。

海外出張が増えているので、そろそろ考え時かもしれない。もちろん費用対効果なんだけど。同じ話で会社を立ち上げる際にお世話になった人から、移動には絶対タクシーを使えと言われたことを思い出す。自分の時給を考えろと。社内で休息をとったり、デスクワークができることで時間を節約できるというのである。必要なものには投資を惜しまず、時間あたりの生産性を増やしていきたい。

夜はチャイナ・クラブで中華。豪華な内装。マリオットホテルに宿泊。さすがにブロードバンドインターネット完備。香港のホテルは昔から進んでいる。

8月7日——ブテチゲ体験

朝早すぎて金浦空港と羽田空港のシャトル便は使えないらしく、成田から搭乗。昼前着。

今日は元サイバーエージェントコリアの岡ちゃんの会社とのミーティングなどなど。日本人と韓国人のハーフの彼は今は韓国人なのだが、サッカーだけは日本代表を応援するという変わった人。最初、市内で食事。ＯＢビールを飲みながら、焼肉。うまい！　最後に出てきたしゃぶしゃぶ風のスープ＋麺がうまかった。その後、オフィスで会議。音楽関連や映像関連でいろいろ協業できそうな感じ。そして移動。韓国のアニメ関連の展示会を見学。日本のアニメが半分以上のブースを占めており、ジャパニメーションの凄さを感じる。余談だが「スキージャンプ・ペア」の新しいバージョンを英語で上映していた。思わず見入ってしまう。

韓国のデビュー前の新人男性４人組アーティストのライブを見学。韓国レベル高い！　韓国はＭＰ３プレーヤーが普及しており、ネットも普及してるため、ＣＤがほとんど売れなくなっているらしく、新曲のプロモーションなんかも、地上波ＴＶやケーブルＴＶ以外にネットやモバイルでプロモーションするのがメジャーな手法らしい。日本も早晩そうなるな。

夜は食事をしながら、サッカーの日本代表対中国代表の試合を見る。日本勝利！　おめでとう。

その後、近くのクラブでひらかれていたパーティに参加。深夜まで。

次の日は朝からTVの取材。色々語る。雑務をこなしてホテルを出発。金浦空港へ。帰りは羽田へのシャトル便を使うのだ。ホテルのレストランで、ブテチゲっていう鍋料理を食べる。なんでも朝鮮戦争のときに軍隊でつくられたのが発祥らしく、もともとヘルメットをナベにしてつくられていたらしい。具はインスタントラーメンとかスパムとか、ソーセージとか、煮豆とか。もちろんキムチ入りの辛いスープ。結構具材がジャンキーというか。でもメチャ美味しい。ご飯に合う感じ。

8月21日――百聞は一見にしかず

羽田から関空経由、エミレーツ航空でドバイへ。寝てたらいつの間にかドバイ空港着という感じ。朝方なのに暑い。摂氏37度！　暑いはずだ。今日泊るホテルはBURJ AL ARABという、超有名なホテルだ。この日は着いてそのまま就寝。

前回のIRツアーは予定パッツパツの状態で行ったのでかなり体力的・精神的にも消耗したので、到着翌日は休日を入れてみた。思い通りリフレッシュ。日本にいると何かしら予定が入ってしまい、こうはいかない。

昼頃に起きてランチ、その後スカッシュをやってみる。下手さは相変わらずだけど、トレーニングの成果か、2時間やっていてもさほど疲れなかった。夕方から砂漠ツアー。砂漠を車で横断し、ディナーを楽しむというもの。帰ったら心地よい疲れ。そのまま就寝。

ところで、こちらのホテルでインターネットに接続したら、どうも間にプロキシー（代理）サーバを通さねばならないらしく、これがまた曲者でイスラム教にのっとり、フィルタリングがされていた。出会い系や友達つながり系のサイトはつながらないし、肌色が多いっぽい画像も見られない。ライブドアアミーゴもＧＲＥＥもつながらないです。ＧＲＥＥなんて、どうやってフィルタリングしてるんだろう。どこかにソーシャルネットワーキング・ブラックリスト・データベースみたいなのがあるんだろうか。

翌日は朝早く起きて、一路首都アブダビへ。ここＵＡＥの沿道はどこも建設ラッシュ。ドバイランドなるテーマパークも建設されるらしいし、世界一の高さのビルも２００６年に建てられるとか。最近のことかと思えばここ20年くらいはずっと建設ラッシュだそうだ。

これから大量消費国である中国のエネルギー需要などもあり、当分はオイルマネーが唸っているのだろう。ただ、まだまだハードウェアへの投資が多いらしく（やはり目に見えるものがあると安心してしまうのであろう）、ソフト面への投資はまだまだ、といったところらしい。

アブダビで機関投資家と面談、昼食も近くのホテルでランチミーティングと続く。何を食べたか分からないくらい、話に熱中。

一度会っておくと、その後の投資家とのミーティングはメールやテレフォンカンファレンスなどでも十分である。でも、まずは会うことが大事だったりもする。百聞は一見にしかず、である。

そのままドバイへ帰る。帰ってメールの処理など雑務をこなす。夜はホテルのシーフードレストランへ。レストランに行く最中、まるでテーマパークにあるような潜水艦に乗って、地下にもぐる、もぐる……。料理は世界中のうまいものが集まっている感じであった。帰ってまた雑務。相変わらず出会い系っぽいサイトにはつながらず。


ちょっと旅とは話題が変わるけれど、私の著書について、今の気持ち。

『稼ぐが勝ち』（3冊セットも予約受付中）にある、「人の心はお金で買える」という記述がいろいろ波紋を呼んでいるようですが、読んで適当に解釈してもらえれば、と思います。でも、お金は嘘をつかない・お金で人は豹変する、というのは事実だと思います。まあ、そういうことをキャッチーに書いてみた感じです。

25日、朝早く起きて、機関投資家訪問。午前中は3件訪問。昼はWEE NAM KEEのチキンライス。食事時間わずか30分で、午後の投資家訪問へ向かう。午後は2件訪問。ふーっと一息つくまもなく、ホテルに帰り雑務に追われる。夜は中華料理。オーストラリア産のでかい蟹が美味しかった。

その後シンガポールスリング発祥の地と言われている、ラッフルズホテル内のロングバーに行ってみた。シンガポールスリング自体はぼちぼちといったところだが、もうひとつの名物のピーナッツがうまい。身が小さくてしかもいい具合に乾燥してる。これはおいしいなあ～。味もなんだかピスタチオに近い。

9月22日――ロンドンの街を〝カッコよく〟

出社して雑務をこなし、成田へ向かって出発。いつもギリギリになってしまう。ANAでロンドンへ飛ぶ。機内でも雑務雑務。ヒースロー空港に到着してホテルに向かう。しかし、ロンドンは物価高いな。

ホテルに着いてメールチェックなどして、夜はフレンチっぽいレストランへ。

最近、ロンドンの街をかっこよくしようという運動を、政府レベルで行っているらしく、食事ひとつとってみてもおいしいお店が増えてきた感じ。

時差のせいか眠くなったので、早々にホテルに帰り、就寝。

翌23日、日本は祝日（それに合わせて出張に来ている）。朝から某社訪問。なんと築100年を超えるお屋敷を事務所にしている。カッコいい。豪華な晩餐でもやりそうなホールで会議。なんとなく落ち着かなかったけど、成果は上々。良いお話ができたと思う。メンバーと一緒に伝統的なレストランで昼食。みんな昼間っからかなりお酒を飲んでいる感じのレストラン。ここに来る人たちの職業はなんなのだろう……？

その後、某社訪問。こちらもなかなかいい話。帰りにお土産をたくさんいただき、急いでヒースロー空港へ。日本へ向けて出発！

11月5日――牛丼との再会

朝8時に起きて、某ホテルのレストランで朝食を取りながら機関投資家らとミーティング。お粥がうまいね。その後、いったんホテルに帰り、昼前に某銀行系の投資家訪問、そのまま福臨門酒家で飲茶。日本よりもおいしい気がする。続けて投資家と某投資銀行でミーティング。夕方ホテルに帰り、夜は上海蟹を食べに行く。夜ホテルで少しお酒を飲んで就寝。

翌朝から某銀行訪問。お昼ごはんは、中環《セントラル》近辺で水餃子+細い麺。メチャウマ。その後ホテルに戻り、雑務をこなし、銅鑼灣（コーズウェイ・ベイ）のマッサージ屋さんへ。耳掻きをしてくれる。最高！

ちょっと小腹がすいたので、吉野家へ。久々の牛丼！　でもご飯の炊き具合がイマイチで、あの牛丼の味ではないっぽい。こっちの吉野家は日本にないメニューがたくさん。その後ホテルに帰り、雑務。日本と違って突発的な仕事とか入らないので、普段の仕事がはかどる。夕食はホテルの中華で。上海蟹もうまかったけど、酔っ払い海老がうまかった。その場でゆでてくれる。

11月23日──『レタス巻き』発祥の地へ

今回は味めぐりなオフの旅。まずは西都市方面へ。「いろりの里武蔵」というお店で田楽定食を食べる。かなりおいしいだけあって、お昼時ということもあるが、かなりはやっていた。

そして西都原考古博物館へ。ひさしぶりに歴史探訪。日向は神話の里のはずなのに、6世紀頃には、大隈・薩摩地方とはいえ隼人と言われ異民族っぽく扱われることにかなり違和感を感じたり。その辺の歴史はいろいろ込み入っているので、調べるのもそれなりに面白い。博物館の周りは古墳群になっており、秋はコスモス畑になっていて非常にきれい。春は菜の花畑らしい。

そして宮崎市内へ。レタス巻き発祥の寿司屋さんである一平寿司でサラダ巻きを食べる。うまい！　こんどまたゆっくり来たいものである。その後シーガイアに戻り、ボウリングとかやって、空港へ。飛行機で羽田に向かい、帰宅。

第5章　食の愉しみ

僕のブログ日記を読んだ人なら、ほぼ毎日のように食べ物の話題が登場することにお気づきだと思う。僕は食べることが大好きだし、新しい味や、うまい店に出会うと、本気で感動する。おいしいものが嫌いな人なんて、いないはず。

3月4日——30円の握り

本日のメニューはお寿司。

ゲソの握りがなんと30円！　すげぇ安さ。丁寧に焼いて、たれまで塗って出してくれた。こんなんで元取れるんだろうか。マクドナルドの100円バーガーが出たときのような衝撃。でもゲソの握りだけ20個とか、そういう剛の者はまだいないようだ。

3月27日——ようこそ『築地友の会』へ

今日は築地友の会……といっても、築地に魚介類を買出しに出かけて、料理をつくって食べるだけの会なんだけれど。

気合を入れて朝5時に起き、築地市場へ行く。相変わらずの活気。鮪をブロックで4キロ買ったりして、普段できない買い物ができるのがよろしい。一通り買い物が終わると、場内にあるすし屋へ。ネタが新鮮なだけに、何食べてもうまいね。

買出しが終わり、自宅に戻りひと休み。寝てる間に友達が、野菜とか色々買ってきてくれた。

夕方になり、友の会のメンバー（？）が続々登場、おいしい料理とお酒に舌鼓。近くの道路には桜が。満開とまではいかないまでも、ちょっとした花見気分（自宅からは見えないけど）。宴会は深夜に及ぶ。

3月30日―なつかしのステーキハンバーグに再会！

この日は朝一で、文京シビックセンターへ出かけた。ここもなつかしー。会社つくって半年くらいはこの辺にまだ住んでいたんだよな〜。用事はバリュークリックジャパンの株主総会。無事取締役に選任された。その後、就任後初の取締役会などなど。

そしていよいよお昼は「せんごく」でステーキハンバーグ。学生のころのバイト時代、よく食べてたな〜、なつかし〜な〜。今でもうまいと思う。さすが、ここの名物だけあるね。

夜は西麻布のオイスターバーで、新鮮な生牡蠣を。牡蠣だけですごい種類がある、このお店は、焼き鳥「今井屋」で有名な株式会社フードスコープの経営。今伸び盛りの会社である。特に、牡蠣の燻製が非常に美味だった。牡蠣なのにスモークチーズみたいな感じ。

5月30日――今日は『鮪の会』

今日はオフ。昼すぎに起きてトータルワークアウト。その後、買出しをして家に帰る。

実は今日、名古屋から寿司職人の友達が来ていて、鮪を一匹さばいてくれて握ってくれるということで、たくさん友達を招いて、鮪の会！　ぜいたくな一夜だ。宴はもちろん深夜にまで及ぶ。

日本人は鮪が大好きなのだ。なぜかは分からないけれども。みなさんも好きだよね？

6月27日――餃子作りに挑戦

昼すぎに起きて、海南鶏飯食堂へ。やっぱりここのは、上品な味だなあ～。

その後、トータルワークアウト。帰る途中でＤＶＤを大量に買い込む。夕食は久々に自前で餃子を作ってみる。前からやりたかった、小龍包風の餃子にしてみる。ぜリー状にしたスープを入れて作るだけなんだけど、焼くと溶けてスープが口に入れたときに飛び出す仕組み。うまい！　ビールと合うなあ～サイコー！

9月26日――ひつまぶしで満足

朝から名古屋へ。今日はＣＢＣラジオのイベントに出演するのだ。イベントは大盛況に終わる。その後「なまずや」というお店でひつまぶしを食べる。ひつまぶしは名古屋名物の鰻丼みたいなものなんだが、うなぎが最初から食べやすいように刻んである。

最初はそのまま、次に薬味を入れて、最後はだし汁をかけてお茶漬け風にして食べる。うまい！

その後某レストランで、またまた名物の手羽先を食べ、夜も「いちのや」でひつまぶし。名物づくしで満足。

10月9日――おみやげはサータアンダギー

朝からマッサージっていうか、整体っぽいところへ行った。毛細血管を広げて体全体のバランスをよくするのだとか。起きてすぐに行ったので身長が高めで１７３・２センチだったのが、施術後は173・5センチに。あまり伸びてませんね、だって……。でも体は快調。その後、またまたトータルワークアウトへ。

帰ってから本日のお楽しみ、西麻布の沖縄料理店「あぐん茶」で「泡波」を飲む。うまーい！　島らっきょの天ぷらも美味。おみやげにサータアンダギーをもらう。

10月11日——e餃子

友人から、自家製のハムとベーコンをもらった。今まで食べてたハムやベーコンはなんだったんだろう……、というくらいの美味。それと、e餃子を私のブログで紹介したら、かなり売れたらしく、お礼にと餃子セットをいただいたので、また餃子作ってみる。餃子はタネを作るのが楽しいのではなく、皆で包むのが楽しいんだな〜、と実感した。生のタネと皮とたれを送ってきてもらえるので、あとは作るだけ。手軽でおいしい。

やっぱり食欲の秋？　10月はおいしい話題が多いぞ。

10月16日——上海蟹体験

知人からうなぎの白焼きをもらった。から揚げにして食べてみる。ソースはちょっとピリカラので。うまーい。

ちょっと余談。この日は夕方から、「いま、会いにゆきます」の試写会を見にヤクルトホールへ。誘われたときは、セカチューの二番煎じっぽいイメージがあったのだけど、見たらメチャ感動。やばい、ハンカチもっていってて良かった。涙がとまらん。

上映後、すかさずインタビューされて、つい「一番大切な人と見に行ってください」などと、自分らしくないコメントが思わず口をついて出てしまう。あーどっかで使うのかなあ、ちょっと照れ。

役者もみんなハマリ役。エンディングテーマがORANGE RANGEってのも、映像がめちゃくちゃ美しいってのも含めて、センスがかなり良い感じである。あの絵本がほしい。原作もこんど読んでみよう。

その後、今年初めて上海蟹を食べに、六本木の中国飯店へ。世界で一番上海蟹がうまい店だと個人的に思う。全部むいてくれるのがうれしいね。上海蟹を食べた後の生姜湯もいいいね〜。映画の感動を引きずってるため？　ついつい紹興酒を飲みすぎた。

10月23日——豚しゃぶなら白金豚

「幸村」でお土産にもらった、あまりにも美味すぎるオニギリを食べて、その後トータルワークアウトへ。順調に筋肉がついている。

お昼ごはんは「海南鶏飯食堂」。その後「おしゃれカンケイ」の収録で日本テレビへ。帰宅途中車を運転していて、停車中に地震に見舞われる。最初は近くを重量の重い車が通ったからだと思ったのだが、かなり大きな揺れ。揺れの質的になにか、遠くで大きな地震が起きている悪い予感……その後、南青山に買い物に行ったら、また大きな揺れが。

夜は、やさい料理の店「嘉六」で豚しゃぶをいただく。白金豚は絶品。

帰宅してサイトを見て、新潟の地震の被害が凄いことを知る。予感が当たってしまった……なんとかこういう被害が出るのを、未然に防ぐ予知方法はないものなのか……被災地の皆様に心からお見舞い申し上げます。

11月21日―有機野菜にハマる

気がつくと11月も半ばを過ぎた。

そろそろ温かい食べ物が恋しくなる季節だな〜。というわけで、有機野菜鍋。朝早く起きて一風呂浴びて出かける。途中で金目鯛の干物とか買う。遅いお昼ご飯を葉山の蕎麦屋「和か菜」で。ついでに蕎麦打ち見学してみる。

そして帰宅すると、ライブドアデパートで注文していた有機野菜セットが届いていたのだ！　早速、野菜鍋を作ってみる。うまい！　今まで食べていたしいたけは何だったのだろうか？　と思えるくらいの歯ごたえとジューシーさ。さらに白菜が甘い！　春菊が苦くない！　最後に汁のしみた大根が絶品〜。

金目鯛の干物も焼いて、大根おろしを添えて食べる。これまた絶品。なんか余計な魚介類とか肉とか入れなくても、おいしい野菜なら、それだけの鍋で十分おいしいんだなと実感。

おなかいっぱいだったので、雑炊にするのは断念。だけど良い出汁がでてたなあ。ちょっと残念だなあ。

12月3日――トリュフ三昧

この日の夜、ＩＴ第三世代？　の当社の期待の若手たちと、六本木の「浜藤」で河豚料理。なぜか河豚なのに、主人から薦められるがままに白トリュフ和えコースになってしまい、トリュフの匂いが体に染み付いてしまうくらい、トリュフをかけまくる。

もちろん雑炊も、トリュフの香りの染み込んだ米と、トリュフ卵の雑炊である。しかも片方は白子バージョンである。トリュフが臭いと思うくらい、大量に食べた。こんなの生まれて初めてである……。

やまけんのブログによれば、トリュフは近所の雑木林にも生えているらしい。本当かよ!? その後、T君お勧めの渋谷のバーで、深夜まで。

12月6日——ハム職人と化す

この日の夜は、「藤の会」という会合で講演+会食。場所は青山浅田。相変わらず料理はうまい。雰囲気もいい。しかし藤野さんは勉強会が好きだなあ。ビジネスにできると思う。

この日の深夜、自宅で自家製ハムとベーコンの仕込み。ソミュール液という塩と砂糖とハーブとか酒とかをドバドバ入れて10%以上の濃度にしたものに肉を漬け込む。そうすると、浸透圧の関係で肉の内部にいたるまで染み込むから良い肉の塩漬けができるらしい。

これは今週日曜日にスモークする予定。楽しみ。

12月11日──ハム職人続く

トータルワークアウト。酒量を減らす見込みを立てる……できるのか？　帰宅して、ソミュール液に漬けていた、あのベーコン・ハム用豚肉の塩抜きを開始。いい匂いがする〜。

塩抜きしたままで、知人が出ている芝居を銀座小劇場に見に行く。銀座小劇場なんてジーコ内山の芝居以来だから10年ぶりだな。こういうのもたまにはいいな。帰宅すると、また有機野菜が届いていたので、野菜鍋。ダシは先日のおせちに入っていた、伊勢海老からとる。豪華な味。

玄米から精米したばかりの米も届いていたし、野菜セットに卵も入っていたので、おじやも作る。すべてが美味……。思わず塩抜きのこと忘れそう。

豚肉の塩が抜けているか、ちょこっと焼いてチェック。いい具合にうまい。こういうのは出来かけが一番美味しかったりするものだ。贅沢な気分。そのままベランダで自然乾燥を一晩。

12月12日――完成！　自家製ハム

いよいよ燻製。朝早起きして西に向かい、某所に着いた。今日は一週間かけて漬け込んだ豚肉を、ハム・ベーコンにするのだ！

肉は十分乾燥させ、ハム用の肩ロースはタコ糸が網状になった、ちょうど網状の包帯みたいなので包み、スモーカーへ。ベーコンはそのまま糸を通してつるし、同じスモーカーへ。

スモークの温度は摂氏60度くらいかな。それで3時間くらい。ハムは1時間ほど早く出してゆでる。ゆで温度は摂氏65度くらい。これで2～3時間、殺菌のために煮る。いやー、うまそうだあ。あとチーズもスモークしてみる。チーズはスモークウッドというのを使って、密閉した段ボール箱の中にチーズとスモークウッドに火をつけて放り込み、20～30分待つだけ。簡単。スモークウッドは線香みたいなもんで、ゆっくり煙だけ出していく。缶の中にでも入れておけばよい。

帰宅途中、おすそ分けに立ち寄った友人宅で、ちょっと焼いて食べる。ベーコンちょっと塩からいけど、うまい！　ハムも、本当にハムみたい！　……当たり前か。

その後、ゴキゲンでアジアンブリーズのタイ式マッサージ&リフレクソロジー。疲れがすばらしくとれる！　そういや、グルメのシステムを使って、癒し系口コミ情報サービスを立ち上げたい！　と思っている。

12月18日――決め手は柚子胡椒

昼すぎに起きて、麻布十番の「黒澤うどん」でカレーうどんを食べる。相変わらずうまい。白菜の漬物も美味。

その後、トータルワークアウトに行く。ベンチプレスのウェイトアップ。うれしい。帰宅して、六本木ヒルズスパでオイルマッサージでリフレッシュ！　夜は三宿の豚しゃぶ屋さん「嘉六」でご飯。最近打ち合わせた、某社社員に目撃されていたらしい。「嘉六」がすごいのは、しゃぶしゃぶをした後の鍋の残り汁の使い方。普通はおじやとかにするんだけど、普通の炊いたご飯に汁をぶっかけて、柚子胡椒とかを少し入れて食べるのだ。おじやは、卵とかで味がごまかされてしまうんだけど、おいしい素材を使っていないとできない芸当なのだな。食は奥が深い！

第6章　その時私は、どう動いたのか

人生最大の意思決定

2005年2月8日(火)、朝6時に起床。朝一の取締役会でCB(37)発行を決議する。これまでの人生で一番大きな意思決定をした瞬間かもしれない。これまでの人生を賭けた勝負になるかもしれない。

その後、同じビルにあるリーマンブラザーズ証券で手続き等を行い、結果としてニッポン放送の35%の株式を取得した。

午後、ニッポン放送を訪問。社長に業務提携の意思を伝えた後、六本木ヒルズのなかにあるアカデミーヒルズで記者会見を行った。

ものすごいマスコミの数だ。質問も激しいが、やはりニッポン放送やフジサンケイグループの資本構造の問題点は意外に一般には知られていなかったようだ。ともかくも不退転の決意で臨むつもり。

夜は、五反田の一軒家フレンチ「ヌキテパ」でご飯。びっくりしたのは泥ソース(!)

かけの料理。本当に野菜についている泥をオリーブオイルなどで溶いてつくったものらしい。水をあまり与えないで作ったトマトも最高にうまい。ヘタの部分も美味。

その足でテレビ朝日「報道ステーション」、TBS「ニュース23」に生出演。

ちなみに、日曜日の私がレギュラー出演している、「平成教育2005予備校」は中止にされてしまったようだ。

うーん、凄いことやるなあ。そんなのってあり? ありえねー、とか思ってしまった。視聴率取れると思うんだけどなぁ。まあ録画だけど。

まさかとは思ったが残念である。資本力にあまり影響されるべきではない、報道やら番組構成やらを自ら歪曲してはいけないだろう。

出版界に打って出る!

10日、朝からトータルワークアウト。今朝は寝起きが好調! ロッカールームで曙太郎さんと遭遇。で、でかい……!

続いて決算説明会。ライブドアニュースがこんなふうに伝えた。

堀江社長、ニッポン放送株取得について

ライブドアの堀江貴文社長は10日、東京・港区の六本木ヒルズで開かれた同社の2005年度9月期第1四半期決算説明会の席上で、ニッポン放送の株式取得について説明した。

堀江社長は、ニッポン放送との事業提携ではなく株式取得に動いた理由について「大きな案件、我々の意志が強いことを伝えるには資本提携でないと難しい。また、2006年の商法改正までに時間がない」としたうえで、フジテレビとの交渉については「フジへのアポイントは今週の火曜日から続けている。友好的に事業提携を進めていきたい」と語った。また、他の放送局から提携を持ちかけられたらという記者からの質問に対して堀江社長は「無いと思う」と他局との提携の可能性を否定した。

ニッポン放送株の過半数を取得したとしても、フジテレビの議決権を得られない状況については「現状は未定だが、何らかのことはやる」とメディア再編を推進したい意向を改めて表明した。一方、フジテレビがライブドアに抵抗を示す場合にどうするのかとの質問に対して、堀江社長は「インターネットには価値がある。しかしメディアのリーチとしてのパワーはテレビの方がある。日本のテレビのコンテンツ製作能力は高いので世界に出てもよい」とメディアの融合の意味を強調、「メディアとインターネットの融合を最後までやるつもり」と今後も株式取得を進めていく考えを示した。

「ライブドアニュース」2005・2・10

その後、機関投資家を訪問。いろいろお話しするなかで、やはりニッポン放送の話も当然出る。

IT業界が絡むことによるマスコミ業界の再編ももちろんだが、株式市場でも話題になっているという。

こういうコントローラブルな量の株式取得が、大企業向けに多数できるということがわかると、多数の投資家が参戦してくるのではないかということ。つまり企業価値が過小評価されている（PBR一倍割れだったり、一倍近辺だったりする）会社に新しい風が入る可能性が高くなったことで、企業業績が将来的に良くなることを見越して株価に反映されることを考慮にいれ、日本株への投資量が大きくなり、ひいては市場全体の上げ圧力になるのではないかということ。

なるほど、と思う。もっと日本企業は評価されてもよいはずだ。そのためには経営刷新が必要だ。それも外部からの。内部の秘めたるパワーに異物が反応することにより、素晴らしい結果が生まれるはず。市場全体のためにもやり遂げなければいけない。

帰社してTV、新聞の取材。続いて面接、定例会議。

ところでこの日は、かねて進めていた、幻冬舎グループとライブドアとの合弁会社「ライブドアパブリッシング」設立の発表があった。

同社では、ブログの書籍化サービスをメインに、自費出版も少部数からできるようにする予定。インターネットと出版事業を融合した新たな業態だ。

インターネットコミュニティーに参加するユーザーから生まれるコンテンツには、今までにない新たな才能があふれている。この魅力あるコンテンツを出版物とすることで、インターネットコミュニティーに参加するユーザーに新たな可能性を提供するとともに、今までインターネットに触れる機会が少なかった人に新しい表現を体験してもらいたい。

ライブドアが持つインターネットコンテンツとインターネットサービスを、幻冬舎グループの出版物の企画・制作・流通ノウハウに融合するという試みだ。

見城社長は、思っていたとおり有能で面白い人。営業もばっちり！　がっちり組んでいきたい。3月にも第1弾が出る。その後も続々出版されます。

夜は、某所でご飯。いろいろ面白いお話を聞く。疲れたので家に帰って即寝。でも最近良く眠れるんだよね。快眠快眠。

目的は企業価値の向上

11日は祝日だったが、朝から講演会に行かねば。

「ドリームゲート」という起業家応援プロジェクトの主催するイベントに出演。オリンピック柔道金メダリストの古賀稔彦さんと、後からボブ・サップも乱入。いろいろお話しする。

で、最後に記者の質問にちょっとだけ答える。

いろいろな思惑が渦巻いていますが、単なる転売目的でこんなリスクはとりませんって。ウチは、ヘッジファンドじゃないんだから。

目的はニッポン放送を中心としたフジサンケイグループの価値向上です。報道ではよく「フジテレビによるグループ防衛策～」、とか言っていますが、何から何を防衛しようとしているんでしょうか？　なんでウチが敵になるんでしょうか？

危害を加えるどころか、価値を向上させようと言っているのです。

このことは株主にとっても、社員にとっても、視聴者（消費者）にとってもいいことだと思いますが。

正直言って現在の既存メディアのＩＴ活用は遅れています。これは周知の事実だと思います。そこにライブドアの持っている価値を役立てることで、既存メディアとＩＴの融合が早期に図れるはず。

まあ、マスコミは敵、味方っていう対立構造を作って煽ることで、面白おかしく報道するのが常だから、しょうがないですが。

まあ、経営陣が株主に文句言われず、自由に経営したいってことなんでしょう。早期に上場して、常に株主と対話してきた自分としては信じられないことなんだけど。会社は（資本）金がないと始められない。誰が金を出しているのか？　株主です。経営陣は株主から経営を委任されているだけの存在なんですけどね。

デジタルテレビではなく、ネットとの融合こそTVの未来

13日は朝からテレビ朝日「サンデープロジェクト」に出演。TVは時間が短いので論点を完全には伝えられないが、それでもかなり時間をもらったので、ポイントをついてしゃべれたはず。その後、食事をしてからトータルワークアウト。ベンチプレスの調子が最近悪いなあ。その後アジアンブリーズでマッサージというかストレッチ。それから日本テレビ「真相報道バンキシャ！」に出演。

私は本気でインターネットと既存メディアの融合は大きなパワーを生むと思っている。ブロードバンドがまだ普及していない時代のAOLタイムワーナー(38)はあまり

うまくいかなかったが、今は違う。

ＴＶ局はその独占的立場を利用して、ＩＴ企業を呑み込みＴＶとＩＴの融合を今のうちに急いでやらなければならない。デジタルテレビが未来ではない。ネットとの融合こそが未来だ。しかし、一向に動く気配がない。

いや、私の知るところによれば某局のマネージャークラスの人があるＩＴ企業の買収に動いていたらしい。が、上層部に却下されたそうだ。

実際のところ、現場のリーダークラスの人たちのなかには、あるべき未来を考えて社内でＩＴの活用を必死で訴えている人がたくさんいる。しかし、無視に近い形になっている。

ネットの専門家の立場から言わせてもらえば、もうすぐ手遅れになる。

放送業界が、護送船団である時代はもうすぐ終わる。そしたら国はすぐに見捨ててしまうだろう。競争の時代がきた、と。冗談ではない。

形やプライドにこだわっている場合ではないのだ。せっかくのチャンスを生かせない経営者は経営者失格だ。単独でやることになんの意味があるのだろうか。買収しても、されてもいいだろう。でも若い先進的な力は活かさないといけない。

フジサンケイグループは私の見るところ、日本で一番有望であると思える。

重ねて言う。私たちライブドアと資本業務提携すれば、フジサンケイグループの株主・従業員・取引先の多くに対し今まで以上のベネフィットを与えることができる。私たちから守るものは何もない。だって敵ではないのだから。面白いことやろうよ！

14日も朝から予定がぎっちり。

バリュークリックジャパンの取締役会ではミクプランニング(39)の子会社化の決議。これによりバリュークリックの売り上げ規模は急拡大する。課題となっている顧客獲得の営業活動もかなり促進される。３年越しの案件だ。やっと……という感じ。

その後営業戦略会議。結構時間がかかる。そしてライブドアブログ本の取材、写真撮影。３月発売予定。

その後で日本テレビへ。「メレンゲの気持ち」という番組に出る。わりと面白かった。

その後帰社して企画会議。といってもニッポン放送の話に終始する。

夜はテレビ東京「ＷＢＳ」出演。やっぱりテレビは時間が短くて全部説明できない。今回のスキームはかなり複雑なので説明がけっこう大変だ。戦略上あまりアピールできない部分もあるし。終わったあとの話のほうが面白かったと個人的には思う。

そういえば、ＷＢＳコールという、番組中にリアルタイムアンケートをとる仕組みは当社が作ったもの（以前はクレジットも出ていた）。

たとえば小泉首相が生出演して、政策に関するアンケートを携帯電話で取り、20分くらいで集計して、その結果を見て小泉首相に質問するといったことが可能なシステムだ。

これが数年前に実現したのは奇跡的だ（技術的にはもっと前から余裕でできたことなのだが）。ほかの番組でなぜ同様の仕組みを導入しないのだろうと不思議に思ったりもするが、それができないのが現実なのだ。

ほかにもいろんな仕組みを提案したが、実現できるのは数％がいいところだ。デジタルテレビの双方向性が未来なのではない。すでに携帯電話を通していろんなことが数年前からできるのが事実なのだ。一部の先進的な番組はそれを当然のように導入しているが、一部だけだと効果は半減する。もっと戦略的に動かねばならない。

ライブドアで動画ニュースが始まった。まだまだやるべきことはいっぱいあるのだが、とりあえずはこんな感じで、記者会見ビデオなども交えて地道にやっていくつもり。まずは2月26日に打ち上げられるＨ‐Ⅱロケット関係(40)から。これは生中継をする。うまく打ち上げられるといいな……。

15日も朝からポータルサイトの定例会議。日に日に時間が長くかかるようになってくる。

その後、取締役会と面接が終わると、すぐに機関投資家とのＩＲミーティング。聞かれる話はもちろんニッポン放送の株の件。

番組制作面でのネットと放送の融合という面では、韓国がブロードバンド先進国としてかなり先走ってやっている。たとえば先日韓国のＫＢＳのプロデューサー氏から聞いた話だが、「冬ソナ」だって、視聴者からのメールなどでの要望で、途中で脚本を変更したりしたそうだ。

つまり視聴者が見たいものをオンデマンドで作っている感じ。韓流ブームってのは、単なるブームではなく、ネットがある意味良質なドラマ作りに寄与している結果なのかもしれない。これまではインタラクティブではなかったためドラマシリーズ放映期間中にシナリオを変えることはなかなか難しかったのかもしれないが、いまや携帯電話でもメールが送れる時代である。何も特別な機械は必要ない。単に製作側が取り入れればいいことなのだ。まごまごしているともっと多くの韓流ドラマが日本のＴＶを席巻してしまうかもしれないのだ。

超多忙かも……

私のブログ、「社長日記」が2日間更新されないと心配していただいたTV局さんがあるみたいですが……。これまでも、最長で10日くらい休んだことがあります。あとでまとめて日付を変えて更新していますので、誤解なきよう。けっこう書くのに時間かかるのでまとまった空き時間がないと書けないんですよ。

朝から雑誌「モーニング」の取材。連載中の「ドラゴン桜」という東大合格を目指す漫画についてのコメントを求められる。

入試は戦略である。馬鹿正直に徹夜で勉強するべきではない。

私は文系で受験したので若干戦略に違いはあれど、「ドラゴン桜」の内容は納得するものばかり。

16日はこのほかにTVの取材が2本。どっちもニッポン放送関連。

ＴＶもラジオもそうなんだけど、文化人系とか評論家系の人たちの顔ぶれはあまり変わっていないように思える。もっと若手がたくさん出てこないと飽きられるような気がする。

たとえばブログで面白い作品を公開している人たちや、「ねとらじ」で面白い番組を放送している人たちを、地上波とネットで入れ替え戦やったらどうだろう、とか思ったり。どの世界でもそうだけど、新陳代謝や競争が大事。安住すると実力ある人たちもさびついてしまうのだ。

その後機関投資家向けＩＲが２本連続。こっちももちろん聞かれることはニッポン放送関連。

この日、ニッポン放送はフジテレビのＴＯＢに賛同する決議をした。

株主や顧客、従業員の利益と強調

ニッポン放送は16日、同日開催した取締役会で、フジテレビによる同社普通株式の公開買い付け（ＴＯＢ）について賛同することを、あらためて決議したと発表した。

ニッポン放はフジが同社株のTOBを発表した今年1月17日付けで、このTOBに賛同する意を示していた。その後、ライブドアが2月8日にニッポン放株35％の買収を発表したことで、フジがニッポン放の目標所有率を50％以上から25％に引き下げた。

ニッポン放の再決議では、フジが買付予定株数を減少させたことによりTOBがより成立しやすくなることや、TOB成立後にはフジを中心とするグループ経営の効率化が図れることなどで、株主や顧客、取引先、従業員らの利益に結び付くことを強調している。

「ライブドアニュース」2005・2・16

そして、「エン・ジャパン」のインタビュー。エン・ジャパンには「livedoorキャリア」にも参画してもらうことになった。「livedoorキャリア」も、もうすぐリニューアルされる。

夜は西麻布に新しくオープンしたしゃぶしゃぶ屋さんで。その後イルムリーノで飲む。

17日も朝からバリュークリックジャパンの臨時取締役会。ミクプランニングの株式交換による完全子会社化について決議。ミクプランニングは大手代理店に頼らない独自のアカウントをたくさん保有していることが強み。ネット広告のさらなる強化によりもっと大きな利益を上げられる会社になるはず。

その後某投資銀行とミーティング。続いて某社社長ら来社。新規プロジェクトについて。ものづくりの交渉は楽しいねぇ。

続いて雑誌の取材、TVの取材。夕方TBSラジオ出演。ラジオとネットの融合についてアツく語ったり。帰社して定例ミーティングが2本。深夜まで雑務。

毎日ニッポン放送のことで頭がいっぱいな分、いろいろアイディアもわいてくる。やっぱりこれからの時代は消費者がものを選ぶ時代。そして消費者が喜ぶものを出していく時代。対話が必要なのだ。ブログをやったり、掲示板で好き勝手自分のことを書かれると、出し方も工夫をするようになる。別に八方美人になろうとしているのではなく、よりよい商品・サービスを提供しようと頑張れるのだ。これまでは一方的に商品やサービスを送り出して、耳や目をふさいでいる人たちが多かったように思う。それはそうだ。消費者に真摯に向き合い、悪い意見をたくさん受け取るのは相当な覚悟がいる。精神力も相当に強くないとやっていけない。匿名で掲示板やブログに書かれる意見は、いわば陰口も多い。公然と陰口を聞いているとショックなことも多いだろう。でもそれを受け止め、役立てねばならない。そうすることにより、自分が成長していくのだ。強くなれるのだ。

そういえば、以前出した本が文庫化されました。文庫のほうが装丁が良い気がします。

やっぱり考えるのは「win-win」の関係

18日、朝から某社社長とミーティング。いろいろあったが、うまくいきそうで期待かも！　新企画も出るし。

続いて雑誌の取材、面接、TVの取材と続く。そして通信社のインタビュー、雑誌の取材が3本連続。最後が一番面白かった。近現代の経済史は自分が好きなジャンルだからなあ。

そして某投資銀行来社。ためになるお話。そしてまた面接。で、またまた投資銀行とミーティング。夜は渋谷の「すし菊池」でご飯。ひさしぶりかも。その後某所で会議もかねてまた一杯。深夜まで。

またまたニッポン放送関係でいろいろ思索を巡らす。

既存メディアは、作り手側のコンテンツを一方的に流している部分が大半なので、読者や視聴者のニーズを意外につかみきれていないことが多い。

番組や雑誌の特集では、いろんな商品が紹介されているけど、気に入ったものを見つけても、それを探すのが大変だったりする。でも多くのメディアは、購入先の電話番号やら住所を出すのが精一杯。それも一部ではやっているところもあるけど、大部分はやっていないから、結局購入しなかったり、忘れたりする。こういうところこそ、ネットをフル活用してほしい。

また「冬ソナ」ネタになるんだけど、ヨン様が乗っていた、フォードかどこかの四駆自動車はバカ売れしたそうだ。もちろんNHKがそれをやれないかもしれないけど、もし雑誌などで特集ができて、ネットで購入できるようにすれば（できれば特別仕様車を）、相当なビジネスチャンスになっただろうし、欲しい人はいくらでもいるはず。消費者も喜び、企業側も喜ぶというｗｉｎ－ｗｉｎの関係が出来上がる。

でも脚本を視聴者の意見に合わせて作ったりしている韓国のドラマ制作者はかなり大変だそうだ。放映の直前に完成するのもよくある話らしい。でもこれからはお客様の顔を見ていかないと商売は成り立たない、というのも事実なのだ。

この日、一連のニッポン放送株取得についてのプレスリリースを出した。全文を掲載しておく。

平成17年2月18日

各位

株式会社ライブドア
代表取締役社長兼最高経営責任者　堀江貴文

フジサンケイグループとの業務提携に関する当社の意向について

当社は、ニッポン放送及びフジサンケイグループ各社との友好的な提携交渉を希望する意向をここに表明致します。当社の有する「インターネット」メディアと、フジサンケイグループ各社の有する「ラジオ・テレビ・新聞・雑誌」という4大メディアとのシームレスな連携を実現することが、情報メディアとしての更なる国民生活への貢献と、両グループ株主価値向上に大いに寄与するものであると考えております。

ニッポン放送をはじめ、フジサンケイグループ各社の有する「ラジオ・テレビ・新聞・雑誌」といったメディア媒体は、国民生活に欠かすことのできない存在として、極めて大きな社会的影響力を有すると共に、非常に公共性の高いメディアであると認識しております。

しかしながら、個々の消費者ニーズが複雑且つ多様化している今日において、従来のような単一の情報を多数の消費者に対して画一的に提供するという双方向性の欠如した情報提供のあり方では、多種多様な個々のニーズに完全に応えることは難しくなっているのもまた事実でございます。加えて、「ラジオ・テレビ」に関しては、情報の発信可能範囲が電波到達範囲のみに限定されることもまた、消費者によるアクセスに対する大きな制約条件となっております。

一方、「インターネット」の最も大きな特徴は、情報の双方向性であります。加えて、情報到達範囲が国内に留まることなく、全世界へと情報を発信可能であることもまた、「インターネット」メディアの有する重要な価値でございます。そのような意味で、当社は、「インターネット」が「ラジオ・テレビ・新聞・雑誌」による情報提供を補完し得る、極めて有望なメディアであると認識しております。

当社は、ウェブシステムの開発、モバイルコンテンツの開発、データセンターの運営等、法人向けインターネット関連ビジネスにおいて多数の顧客とノウハウを有し、一方でそのノウハウを活かして自らポータルサイト「livedoor」を運営、消費者に対して積極的に情報コンテンツを提供しております。現状、数多のwebサイトの中で影響力のあるメディアとしてのパワーを有するのはポータルサイトであり、「インターネット」上でのメディアを抱える当社と、「ラジオ・テレビ・新聞・雑誌」の4大メディアを抱えるフジサンケイグループとがそれぞれ強みを持ち合うことによって、情報提供メディアとして国民生活に大きく寄与することが可能となると共に、当社及びフジサンケイグループ各社の株主価値の向上に繋がるものであると認識しております。

以上のような認識に基づき、当社はフジサンケイグループ各社との友好的な提携交渉を行う意向を有している旨をここに表明致します。

週末も全開。

で、さすがに今週末は休めず。19日は昼間から某投資銀行と会議が３本連続。かなり濃ゆい会議。結局昼間から夕方までずっとぶっ続け。

まあ、でもある程度の方向性ができてよかったかな。その後アークタワーズに住む某氏宅で鍋パーティ。肉満載でうまい！　メンバーもなかなか濃ゆい。着ていったジル・サンダーのジャケット、サイバーエージェントの藤田晋社長とお揃いだし。深夜まで呑む。呑みすぎる。

そういえば、もらった「巫山の夢」って焼酎も美味しかった。焼酎っていうかウィスキーに近いのかも。寝かせてるから。

ニュースコーナーで地味に地域ニュースを始めています。動画ニュースもウィークデイは毎日更新してるし。携帯版のニュースも地味に充実し始めてます。

既存メディアとＩＴの融合について、わかりにくい、などいろいろ意見をいただきましたので、今できることから進めていこうかと思っています。

ネットでニュースを流すと、双方向性とか、つながりの面で多面的に新鮮なニュースを捉えることができるようになります。たとえばブログ検索の結果と連動させると、今旬なニュースがどのように世の中に捉えられているのか一目瞭然です。それもニュースが出た瞬間に人々の意見が更新されたりします。わざわざ街頭インタビューする必要もないのです。

ネットは偏っているとか言われそうですが、もうそんな時代ではないかなと。ビジネスでもプライベートでもケータイも含めたネットに触れていない人のほうが少なくなっているような気がしますね。

特に賛否両論入り混じるようなタイプのニュースは興味深い結果となります。マスメディアの報道姿勢には疑問が見られたり反発をしている人たちもたくさんおられます。情報を自分で処理し、判断する時代になってきたということですね。

20日も朝からサンデープロジェクトに出演。ＩＴと放送の未来とかについてアツく語りたかったのだけど、あまりにもレベルの低い議論に終始せざるを得なくなってしまった。見ていた人ごめんなさい。

その後「アッコにおまかせ」に出演。時間をとっていただき、わりとしっかり説明ができた。ありがたい。

出演していた熊田曜子ちゃんは、以前に当社子会社で作ったネットシネマに出演してもらったことがある。

彼女はグラビアアイドルとして有名だけど、演技力もなかなかのものだった。初主演ということだったが、なかなかTVや普通の映画では初主演というのは難しいのだ。制作費が高いのでリスクをとりたがらない。その結果いつも同じようなキャスティングでということになってしまう。

その点ネットシネマの場合は、低予算でできるので、若手の有能な監督や役者の才能を思いっきり発揮してもらえるのだ。枠がない分自由なので、競争は激しくなる。実力もついてくる。

続いて某投資銀行とミーティング。帰宅して骨董通りのＢＬＡＮＣＯで髪をカット。続いて某氏宅で鍋パーティ。うどんがメインの鍋って初めて食べた。たれがまた美味。

普通のうどんツユをあまり薄めずに、XO醤と梅干を入れるのがミソ。ちょっと食べすぎて帰宅。

ネットラジオのサイトが地味だが盛り上がってきた。通常の放送と違い、限られた枠がないので、自由に放送することが可能だ。もちろん自由なためにクオリティがシビアに求められる。

でも、枠内で伝えられないことを伝えることができる。ニッチに強いネットの特徴が出ている。つまり、マスで捉えられないニーズを深掘りしていくのがネットの役割でもあるのだ。それぞれの視聴者は少ないが、セグメントされているため、それなりに広告媒体としても利用価値が出てくるし、課金もしやすいのだ。

ホリタン！

今日も、朝から営業戦略会議。そして動画インタビュー。21日から25日までの5日間、毎日ライブドアのサイトで、私の所信表明と、そこに寄せられた質問に答える動画配信をしていく。

今やれることで伝えていかなければいけないことがあると思う。できれば、私が考えていることに関して、地上波とネットの両面でディスカッションなどやれたら面白い。地上波の枠内ですべてを伝えることはできないが、ネットでその後もずっと討論ができるのなら別。

当社の株主総会をごらんになった方は分かると思うが、始めから終わりまでの数時間、ずっと見ていた方も多いはずだ。地上波はマス、そしてネットはずっと見ていたいというニッチのニーズに応えられる。地上波で視聴者をひきつけ、ネットで深堀りしていくのが王道になるだろう。今回の問題でいろいろ実験できることは多いと思う。できるだけやっていきたい。

で、今日はこんなことを話しました。

堀江社長、双方向性ビジネスを強調
ニッポン放送株取得構想を語る

ライブドアの堀江貴文社長は21日、同社サイトで配信する動画ニュースに出演し、ニッポン放送株の取得について「同じグループ内に我々のような強力なSI（システムインテグレータ）企業が加わることによって、自社グループ内ですべてまかなえるようになる」とシナジー効果を強調した。

堀江社長は、「今までの放送局のジレンマは、インタラクティブ（双方向）性がなく、ダイレクトに視聴者とつながっていないこと」としたうえで、「放送局がお客さまのアカウントを持つことでいろいろなビジネスが生まれてくるし、それはお客さまの役に立つ」と語った。「番組内で紹介された商品を、その場でインターネットや携帯電話で買えるようになる」ことなどをその一例として挙げた。

また、「マス媒体によるコンテンツには、作り手の意思が相当入っている」、「受けないストーリーでやっても視聴率は下がるばかり」とし、その対策として「インタラクティブなインターネットの特徴を取り入れることにより、ドラマの放映中にシナリオを変えてしまうことも可能」と述べた。

最後に、自らが出演する動画ニュースについて、「これからも文章では伝わりにくいことや他のメディアでは伝えていないことを中心に、毎日流していきたい」と語った。

「ライブドアニュース」２００５・２・21

その後新聞社のインタビュー。表には出てこないが、きちんと理解されている方もいるのだなあ。と思った。

この日はちょっと熱っぽかったのでヒルズクリニックで薬をもらって、その後某投資会社とミーティング。非常に興味深いお話。前向きに進める。

続いてまたまた某投資会社とミーティング。その後書籍のミーティング。また面白い本を出す。

そして某氏とミーティング。またまた強力な助っ人が現れた。メディアとファイナンスの両面に強い人はなかなかいない。

夜は丸の内のリストランテ・ヒロ・チェントロで会食。いやぁ、うまいなぁ。

私の英語学習経験が詰まった単語帳が出版されることになり、そのタイトルを聞いた。その名も「ホリタン」。面白い！

その後、日本テレビ「きょうの出来事」に出演。結果はみなさんご存じの通り。コメントする気もあまり起こらず。

もろもろ激しい一日

22日は激しかった。

朝から子会社の「バリュークリックジャパン」の取締役会。今期も大きな成長を遂げることになると思う。

その後動画ニュースの撮影。掲示板に書かれた意見なども取り入れてインタラクティブな配信を心がけている。でも、既存の放送局はこんなことをなんでやらないんだろう？　激しく不思議。

この日はこんな感じ。

「新たな価値を提供したい」
堀江社長、メディア融合と収益モデルに言及

ライブドアの堀江貴文社長は22日、昨日に続いて同社サイトで配信する動画ニュースに出演し、ニッポン放送株の取得に関連してマスメディアの将来像やグローバル化について語った。堀江社長はマスメディアとＩＴの融合のメリットとして双方向性、オンデマンド、ローコストの3点を挙げ、「既存のベースの上に新たな価値を提供していきたい」と抱負を述べた。

また、堀江社長は視聴者からの質問に答え、既存マスメディアの広告費について「枠が限られており、そこに殺到するから高止まりしていた。作り出されたバブルのような状態で、長続きしない。新たな収益源がもともと必要」と指摘。その上で、「視聴者をホームページに誘導し、ＩＤを取ってもらってショッピングやインターネット投票などの利便性を提供する代わりにユーザー情報をいただき、活用していく。広告費と違ってたくさんの人から少しずつお金をいただくモデルなので安定している」と述べた。

「ライブドアニュース」２００５・２・22

その後、ニッポン放送株対策ミーティングに続いて某氏らとミーティング。熱弁。

それから横浜へ。センチュリー21さんの表彰式で講演会。

司会の宮川さんは元フジテレビアナウンサー。対談は面白かった。帰社して面接2本。その後全日空ホテルで会談。その後J-WAVEに生出演。近所で便利。

夜は、やまけんとアスキーの福岡さんと一緒に北千住のバードコートへ。相変わらず旨すぎ。ついつい食べすぎてしまう。

そういえば、「週刊ポスト」の記者が、六本木ヒルズからわざわざ北千住までつけてきていて、外で寒そうにしていたので、中で一緒にプリンを食べた。大変だねぇ……。

疲れたのでそのまま帰宅。


しかし、今の日本って、株主の権利が激しくないがしろにされているなあと感じる。

なんで命の次に大事なお金を投資しているのに、会う必要がないなどと言えるんだろうか。

株主が投資した資本金がなければ会社はスタートできない。そのことを日本の多くの経営者は忘れてしまっているのではないか？　自分たちの力だけでは会社は運営できないはずだ。

長い、長い一日。

動画ニュースの収録。

今回は、これまでに「所信表明」の掲示板に寄せられた、６００くらいの質問や意見に答えるかたち。

いま国が進めている地上波デジタルテレビ放送については、私は必要ないと思っている。動画を見たいのなら、既存のアナログ放送でまったく問題ない。双方向性を導入したければ、インターネットという安くて便利なインフラがあるのだから、それを使えばいい。そんなことを話した。ブロードバンド時代が本格的に訪れたなぁと実感する。

外国紙の取材、ＴＶの取材と続く。その後某弁護士来社。そして新聞の取材。それから高橋がなりさんと対談。「ブログで私を絶対抜いてやる！」と言われる。今度の書籍『強く生きる言葉』（メディアファクトリー刊）も面白そうだ。でもって、私は、オナニー派らしい……。

ニッポン放送が、新株予約権発行に動いた。この辺はライブドアニュースの記事から。

フジテレビ、ニッポン放送を完全子会社化へ

ニッポン放送は23日、フジテレビと共同の記者会見で、フジテレビに対して新株予約権を発行すると発表した。現在発行済みの株式数3280万株より多い4720万株の新株を発行でき、フジテレビはニッポン放送を完全子会社化できる。

「ライブドアニュース」2005・2・23

この記者会見を受けて、対策会議。終わってから特別声明番組を録画。そして囲み会見。友好的な資本・業務提携が実現したら、我々の企業価値は飛躍的に増大することは間違いない事実。最後までやり遂げるつもり。

その後雑務をこなし、帰社する。いやあ、長い一日だった。

24日。朝から取材を受け、その後動画ニュースの収録。面白くなってきた。私以外にも、元参議院議員の水野誠一さん、ソーシャル・プロデューサーで参議院議員のすずきかん（鈴木寛）さん、慶応義塾大学経済学部教授櫻川昌哉さんら各界の識者の方々にもコメントをお願いしている。ぜひ見ていただきたい。

また、この日の動きとして、正式に、下記のような新株予約権発行の差し止めを求める仮処分申し立てを行った。

フジ、TOB期間を延長
ニッポン放送の新株予約権発行の決定で

フジテレビジョンは24日、ニッポン放送株式の公開買い付け期間の変更を発表した。3月2日までとしていた買い付け期間を、同月7日まで延長する。

延長の理由についてフジテレビは、ニッポン放送が第三者割り当てによる新株予約権発行とフジテレビ株の株券消費貸借の実施を決定したことで、フジテレビが公開買付届出書の訂正届出書を提出することになるためとしている。

「ライブドアニュース」2005・2・24

ライブドアが差し止め請求
ニッポン放送の新株予約権発行に

フジテレビジョンを割り当て先とするニッポン放送の新株予約権発行決定に対し、ライブドアは24日、「既存株主の持ち分を希薄化させる上、増資後の資金使途が未定であることなどは不当」として、発行の差し止めを求める仮処分を東京地裁に申請した。

法廷で争われる場合に焦点になるとみられるのは、ニッポン放送が新株予約権を発行する理由の正当性。商法では、正当な資金調達の理由なく不公正な株式発行が行われる場合に、株主に差し止める権利を認めている。

ライブドアは◇大量の新株予約権発行は既存株主の持ち分を大きく希薄化させる◇調達予定額の2967億円はニッポン放送の時価総額を大きく上回る金額であり、その使途の大部分は未定―などを理由に、ニッポン放送の一般株主に対して大きな損害を与え得る不公正な発行であると主張。「フジテレビの意を受けて動いたニッポン放送経営陣が、当社を排除する目的だけで取った手段と思われる。一部の株主の支配権を維持することを目的としており、一般株主の価値を毀損《きそん》するおそれが高い」と訴えている。

　ニッポン放送は発行理由として◇フジサンケイグループからの離脱を余儀なくされた場合、自社の企業価値に大きな悪影響がある◇マスコミとしての高い公共性の確保―を挙げ、新株予約権の発行は適法と主張。フジテレビの日枝久会長も23日の会見で、「（訴訟になるなら）堂々と受けて立つ。一連の買い付けを含め、司法の場で全体像がどう判断されるか世に問いたい」と述べた。

「ライブドアニュース」２００５・２・24

今日も大忙しだ！

25日。朝から取締役会。そして新聞社との面談。機関投資家とのミーティングと続く。動画ニュースの収録をその後するが、撮り直し。

来週からは形式を変えて続けてみるつもり。私が言っている、メディアとＩＴの融合のビジョンが、大したことないとか、揶揄する声もあるようだが、たしかに私が言っていることは誰でも思いつくことだし、特段未来の技術を導入して……、ということなのではない。

今技術的にできることをやろうよ！　と言っているだけなのだ。言うは易し。実際に先進的な一部の部署では導入している場合もあるだろう。それを全体的に導入していけば、今すぐ、もっと便利になるということなのだ。デジタル放送でなくとも、ＰＣや携帯を利用して既にインタラクティブな番組は作れる。

その後、新書籍のインタビュー。そしてＴＶのインタビュー。面接３本連続。定例ミーティングが１本。

そして、書籍の帯の打ち合わせ。来月リニューアルオープン予定のライブドアブックスでも取り上げる。私の新書籍の装丁も上がってきた！　これは面白い。思わず笑ってしまった。やっぱり売れる本を作る会社は、発想力が違う。ほんと、レベルが違うって感じだ。

私が初めに本を出したのはもう数年前になるが、そのときはタイトルや装丁でかなり損をしたと思った。画龍点睛を欠くとはよく言ったもので、書籍の帯を依頼しにきたM君は抜け目ないというか、なんというか。
その後、たまっていた仕事を深夜まで処理しまくる。稟議書の量もハンパじゃない。そして深夜、恵比寿にマッサージに。しばし癒されるとき……。

昨日の差し止め請求について、ニッポン放送が見解を発表した。

ニッポン放、差止請求に見解
「法的な瑕疵は無く、何ら問題ない」

ニッポン放送は25日夜、ライブドアが同社の新株予約権発行の差し止めを求める仮処分申し立てを昨日夜にしたことを受け、今後の見通しについて「本新株予約権の発行に法的な瑕疵《かし》は無く、何ら問題はないことから、当社の正当性を主張、立証してまいる所存」との見解を、東京証券取引所ホームページの「適時開示情報閲覧サービス」を通じて発表した。

「ライブドアニュース」２００５・２・25

H-Ⅱロケット、打ち上げ成功。

26日、土曜日なので昼過ぎに起きて、ゴルフフェアへ。当社が運営するゴルフサイト「Woo-go」のブースへ。会員登録も好調。

夜は、青山に移転した「やさい料理　GOKAKU」で。相変わらずハイクオリティ。昼間もやっているみたい。ちょっと広くなっていた。

「WBS土曜版」に出演。なかなか良い方向性でしゃべれたと思う。

その後控え室で雑談。活発な意見交換。日本のメディアを考える、そして経済を勉強するよい機会になっているようだ。こういうシーンもネットで配信したりするといいんだろうな……。昔ウチで作っていた携帯リアルタイムアンケートシステム「WBSコール」もバージョンアップしていていい感じだった。あの短時間で1万人以上の投票が集められるのがTVの力だなあと思う。

ライブドアで生中継をしたが、この日、H-ⅡAロケットの打ち上げが成功した。よかった。

注釈

（37）ＣＢ　convertible bond　転換社債型新株予約権付社債。

（38）ＡＯＬタイムワーナー　ＡＯＬとタイムワーナー社の合併が２０００年に大々的に発表された通信・放送の融合時代の幕開けとも言われた大事件。しかし、数年後合併は失敗に終わってしまう。

（39）ミクプランニング　高いコンサルティング力とクリエイティブ力を強みにリアルマーケティングサービスを行っている会社。マーケティング・プランニングサービス、セールスプロモーション、イベントの企画・運営、メディア・映像制作、商業施設開発などを手がける。

（40）Ｈ－Ⅱロケット　２トン級の静止衛星打上げ能力を実現させた日本初の純国産型ロケット。

あとがき

お読みいただいたように、私は働くだけではなく、遊ぶときには大いに遊ぶ。食べることを楽しみ、寝るときにはぐっすり寝て、体力づくりにも力を入れ、友人たちとのイベントにもできるだけ顔を出す。

「いま、やるべきことをやっている」。私はいつも、そう思っている。

そんな毎日が、こうしてまとめられて、本として残るというのは悪くないと思う。

インターネットには双方向性という大きな機能がある。その機能を通じて、ブログをはじめとするこちらからの発言に対する反応として、いつもいろいろな声が返ってくる。

そして、私はこのすべてをきちんと受け止めている。いただいた声には最後までやり遂げることでお答えしたいと思う。

２００５年３月

堀江貴文

堀江本。 2004. 1. 1−2005. 2. 28

2005年4月10日 初版第1刷発行

著 者 堀江貴文
発行者 大滝 昇
発行・発売 ゴマブックス株式会社
〒105-0001 東京都港区虎ノ門2-7-3 ギャラン虎ノ門ビル4F
電話 03 (3539) 4141
印刷・製本 暁印刷

2005 Printed in Japan ISBN 4-7771-0118-5 C0034